하루 한 권 학습만화 4

세계의 역사

KADOKAWA MANGA GAKUSYU SERIES SEKAI NO REKISHI

TO · SILK=ROAD TO ISLAMKYO NO HATTEN 400-800NEN

©KADOKAWA CORPORATION 2021

Korean Translation Copyright © 2022 by Korean Studies Information Co., Ltd.

First published in Japan in 2021 by KADOKAWA CORPORATION, Tokyo.

Korean translation rights arranged with KADOKAWA CORPORATION, Tokyo through Eric Yang Agency Inc, Seoul.

일러두기

이 책은 세계사를 바라보는 다양한 시각 및 국제정치적 감각을 길러주기 위한 목적으로 기획되었다. 원서는 비교 역사학을 토대로 서술되어 특정 국가의 시각에 치우치지 않고 세계 각국의 다양한 역사적 사실에 기반을 두고 있다. 다시 말해 우리 민족의 관점으로 바라본 세계사가 아님을 밝힌다.

다만 역사라는 학문의 특성상 우리나라 학계 및 정서에 맞지 않는 영토분쟁 · 역사적 논쟁점도 분명히 존재한다. 편집부 역시 이러한 사실을 인지하고, 국내 정서와 다른 부분은 되도록 완곡한 단어로 교정했다. 그러나 오늘날 발생하는 수많은 역사 분쟁을 다양한 시각에서 논의할 수 있도록 필요한 부분은 원서의 내용을 살려 편집했다. 교육 자료로 활용하거나 아동이 혼자 읽는 경우 이와 같은 부분에 지도가 필요할 수 있음을 당부드린다.

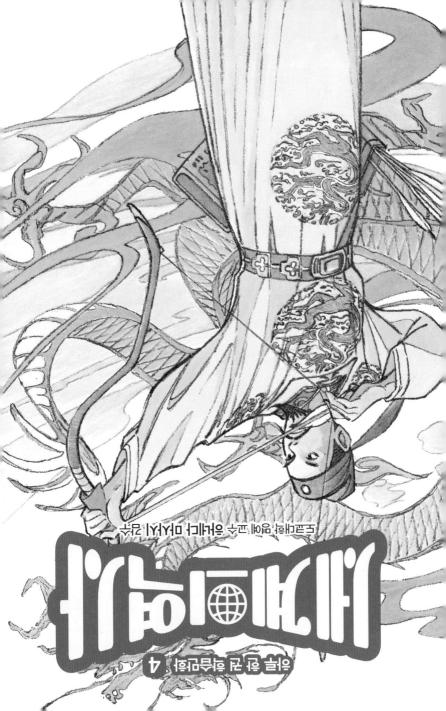

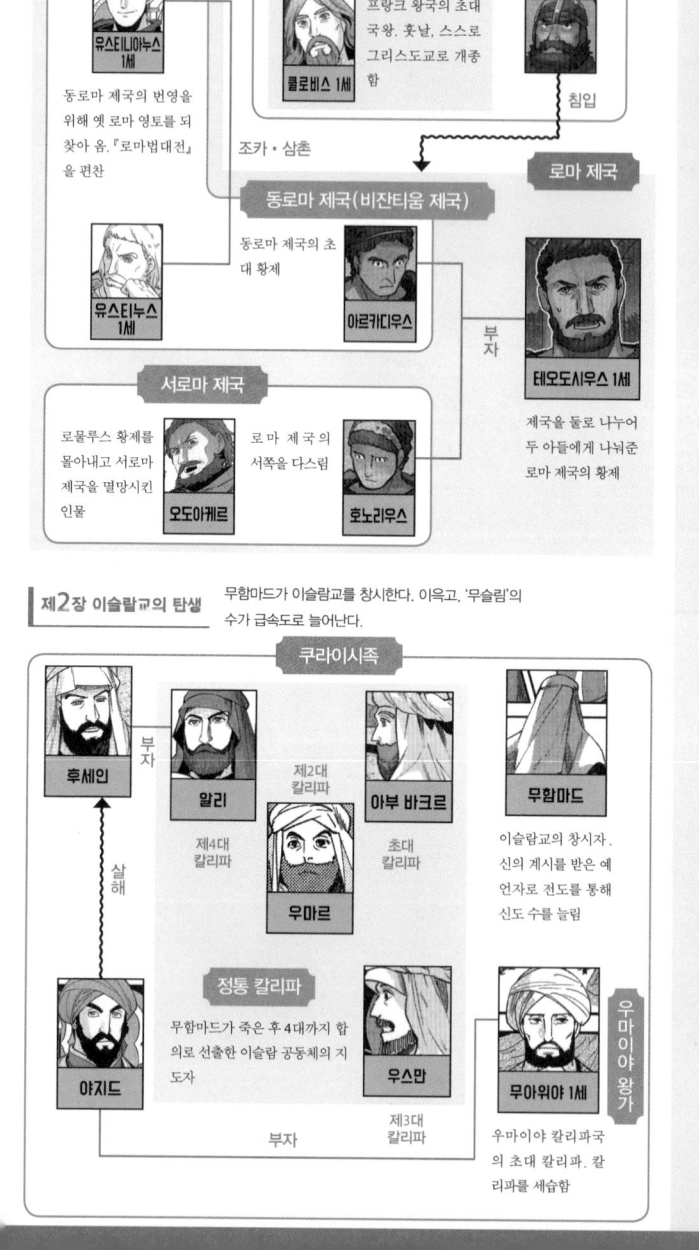

제1장 게르만족의 대이동

게르만족의 대이동으로 인해 서로마는 멸망했지만,
동로마는 계속 번영한다.

프랑크 왕국

클로비스 1세
프랑크 왕국의 초대 국왕. 훗날, 스스로 그리스도교로 개종함

게르만족

침입

유스티니아누스 1세
동로마 제국의 번영을 위해 옛 로마 영토를 되찾아 옴. 「로마법대전」을 편찬

조카 · 삼촌

동로마 제국(비잔티움 제국)

유스티누스 1세

아르카디우스
동로마 제국의 초대 황제

로마 제국

부자

테오도시우스 1세
제국을 둘로 나누어 두 아들에게 나눠준 로마 제국의 황제

서로마 제국

오도아케르
로물루스 황제를 몰아내고 서로마 제국을 멸망시킨 인물

호노리우스
로마 제국의 서쪽을 다스림

제2장 이슬람교의 탄생

무함마드가 이슬람교를 창시한다. 이윽고, '무슬림'의
수가 급속도로 늘어난다.

쿠라이시족

후세인

부자

알리
제4대 칼리파

제2대 칼리파

우마르

아부 바크르
초대 칼리파

무함마드
이슬람교의 창시자. 신의 계시를 받은 예언자로 전도를 통해 신도 수를 늘림

살해

정통 칼리파

무함마드가 죽은 후 4대까지 합의로 선출한 이슬람 공동체의 지도자

야지드

부자

우스만
제3대 칼리파

무아위야 1세
우마이야 칼리파국의 초대 칼리파. 칼리파를 세습함

우마이야 왕가

주요 사건

476년
서로마 제국 멸망

530년
트리보니아누스
「로마법대전」

622년
무함마드의
메디나 이주(헤지라)

755년
안사의 난

제3장 육지와 바다를 연결하는 실크로드

실크로드를 통해 교역이 성행하고, 소그드인이 유라시아 대륙 각지에 문화를 전파했다.

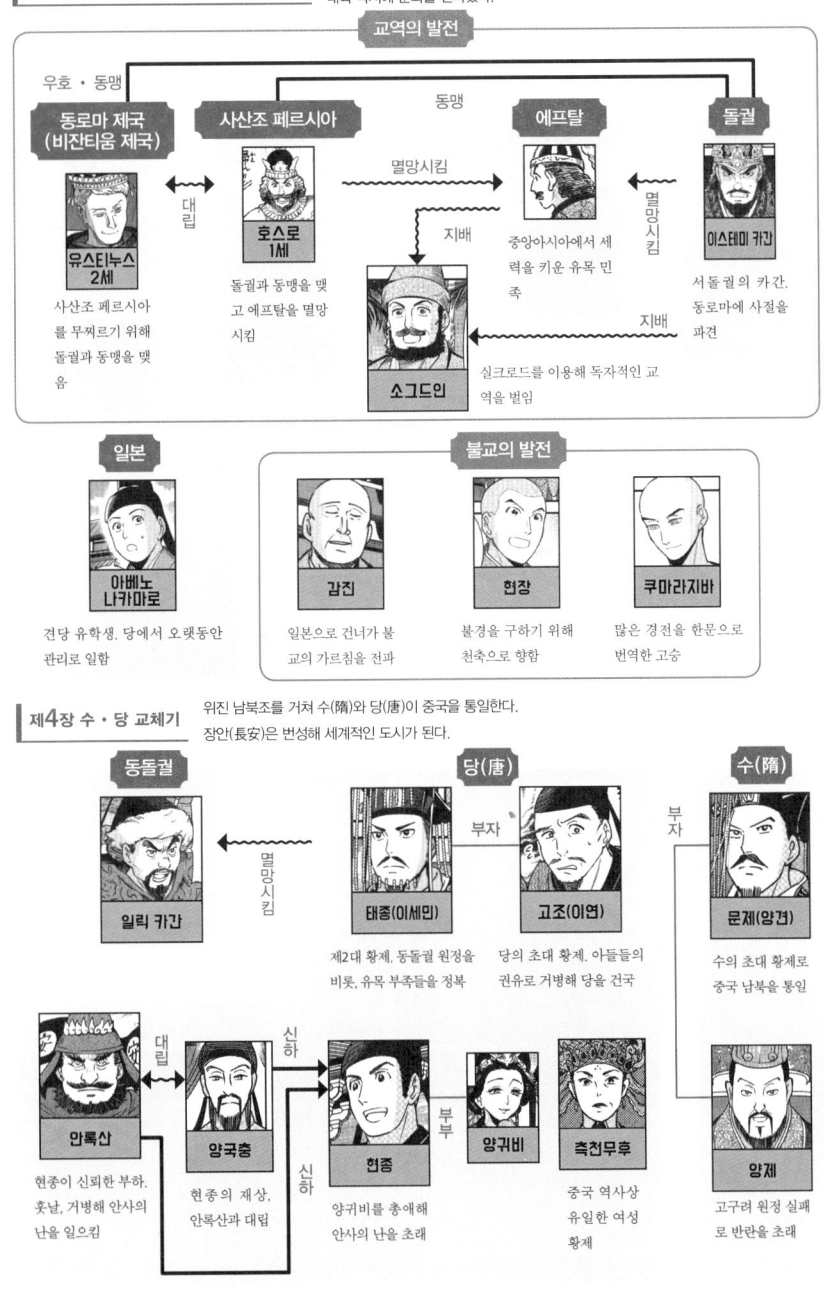

교역의 발전

우호·동맹

동맹

동로마 제국 (비잔티움 제국)

유스티누스 2세

사산조 페르시아를 무찌르기 위해 돌궐과 동맹을 맺음.

대립

사산조 페르시아

호스로 1세

돌궐과 동맹을 맺고 에프탈을 멸망시킴

멸망시킴

에프탈

중앙아시아에서 세력을 키운 유목 민족

지배

소그드인

실크로드를 이용해 독자적인 교역을 벌임

멸망시킴

돌궐

이스테미 카간

서돌궐의 카간. 동로마에 사절을 파견

지배

일본

아베노 나카마로

견당 유학생. 당에서 오랫동안 관리로 일함

불교의 발전

감진

일본으로 건너가 불교의 가르침을 전파

현장

불경을 구하기 위해 천축으로 향함

쿠마라지바

많은 경전을 한문으로 번역한 고승

제4장 수·당 교체기

위진 남북조를 거쳐 수(隋)와 당(唐)이 중국을 통일한다.
장안(長安)은 번성해 세계적인 도시가 된다.

동돌궐

일릭 카간

멸망시킴

당(唐)

태종(이세민)

제2대 황제. 동돌궐 원정을 비롯, 유목 부족들을 정복

부자

고조(이연)

당의 초대 황제. 아들들의 권유로 거병해 당을 건국

부자

수(隋)

문제(양견)

수의 초대 황제로 중국 남북을 통일

안록산

현종이 신뢰한 부하. 훗날, 거병해 안사의 난을 일으킴

대립

양국충

현종의 재상. 안록산과 대립

신하

신하

현종

양귀비를 총애해 안사의 난을 초래

부부

양귀비

측천무후

중국 역사상 유일한 여성 황제

양제

고구려 원정 실패로 반란을 초래

독자여러분께

4

실크로드와 이슬람교의 발전

도쿄대학 명예 교수 **하네다 마사시**

4권에서는 고대 제국의 멸망 이후를 다룹니다. 바로, 유라시아에 새로운 질서가 확립된 시기입니다. 한(韓)이 멸망한 이후, 동아시아에는 짧은 간격으로 수많은 나라가 나타났다 사라지기를 반복했습니다. 그러나 6세기 말에 수(隋)와 당(唐)이 등장해 거대한 제국을 구축하는 데 성공합니다. 같은 시기에 서아시아에서는 무함마드가 이슬람교를 창시했습니다. 이슬람교 신자인 아랍계 무슬림 군대는 동쪽의 중앙아시아부터 서쪽의 이베리아 반도에 이르는 넓은 지역을 정복했고, 그곳에 새로운 정치 구조와 사회 질서를 수립합니다. 한편, 지중해 연안의 로마 제국은 분열합니다. '게르만족의 대이동'으로 서로마 제국이 멸망했으며, 제국이 사라진 혼란을 틈타 프랑크 왕국이 건국됩니다. 동로마 제국은 정치와 종교를 결합해 독자적인 통치 체제를 만들어 냈고, 약 천여 년 동안 지배를 이어갔습니다.

유라시아 대륙의 국가들은 저마다 독자적인 문화를 가지고 있었습니다. 육지와 바다의 교통로인 실크로드는 이들을 잇는 중요한 교역로 역할을 합니다. 비단, 도자기와 같은 물건이나 불교, 조로아스터교와 같은 종교까지도 실크로드를 통해 오갑니다. 실크로드가 시작되는 당의 장안(長安)에서는 서쪽과 북쪽에서 온 상인, 사절단, 동쪽의 일본열도에서 온 유학생도 적지 않게 볼 수 있었습니다. 이 시기에 실크로드를 거쳐 일본으로 전해진 서역의 문물이 일본 나라현의 '쇼소인'에 보관되어 있습니다. 어떤 것들이 전달되었는지 이번 권에서 살펴보시기 바랍니다.

당부의말씀

- 이 도서의 원서는 일본 문부과학성이 발표한 '2008 개정 학습지도요령'의 이념, '살아가는 힘'을 기반으로 편집되었습니다. 다만 시대상을 반영하려는 저자의 의도적 표현을 제외하고, 역사적 토론이 필요한 표현은 대한민국 국내의 정서를 고려해 완곡하게 수정했습니다.

- 인명 · 지명 · 사건명 등의 명칭은 대한민국 초 · 중 · 고등학교 교과서를 바탕으로 삼되, 여러 도서 · 학술정보를 참고해 상대적으로 친숙한 표현으로 표기했습니다.

- 대체로 사실로 인정되는 역사를 기반으로 구성했습니다. 다만 정확한 기록이 남지 않은 등장인물의 경우, 만화라는 장르를 고려해 쉽고 재미있게 읽을 수 있도록 대화 · 배경 · 의복 등을 임의로 각색했습니다. 또 역사의 흐름을 이해하는 데 도움이 되도록 만화에 가공인물을 등장시켰습니다. 이러한 가공인물에는 별도로 각주를 달아 표기했습니다.

- 연도는 서기로 표기했습니다. 사건의 발생 연도나 인물의 생몰년이 불분명한 경우에는 일반적으로 통용되는 시점을 채택했습니다. 또 인물의 나이는 앞서 통용된 시점을 기준으로 만 나이로 기재했습니다.

- 인물의 나이는 맞춤법에 어긋나더라도 '프리드리히 1세'처럼 이름이 같은 군주의 순서 표기와 헷갈리지 않도록 '숫자 + 살'로 표기했습니다. 예컨대 '스무 살, 40세'는 '20살, 40살'로 표기했습니다.

시대의 흐름을 파악하자! 그림으로 보는 역사 내비게이션

600년 전후의 세계

유라시아 대륙에는 수(隋), 당(唐), 돌궐, 사산조 페르시아, 동로마 제국 등 넓은 영토를 지배하는 대제국이 존재했습니다. 이슬람교가 탄생하는 시기도 이 무렵입니다.

하네다 마사시 교수님

쇼토쿠 태자의 섭정
(6세기말~7세기초)

불교를 보급하고 호류지를 세움. 수에 '견수사'를 파견함

호프웰문화
(기원전 5세기경~5세기경)

식물재배와 수렵·채집이 특징으로, 삿무늬 토기가 대표적

천축으로 떠난 현장
(7세기경) **C**

현장은 더 많은 불교 경전을 당으로 가져오기 위해 실크로드를 지나 천축으로 향함

와리문화의 번영
(6세기말~10세기)

6세기말~10세기에 걸쳐 안데스 지방에서 번영한 문화

8

② 돌궐과 사산조 페르시아를 지나는 실크로드를 통해 유라시아 대륙이 하나로 연결됩니다. 물론, 교역도 활발히 이루어졌지요.

① 수·당이라는 대제국이 중국을 다스렸던 시기군요! 일본은 아스카 시대였네요.

④ 이 무렵, 아라비아반도에서 이슬람교가 탄생했지요. 유대교와 그리스도교처럼 유일신을 믿는 종교로, 빠르게 세력을 확장해 나갔답니다.

③ 오아시스에 마을을 이루고 사는 사람들과 유목민이 교역의 주인공이었던 거네요!

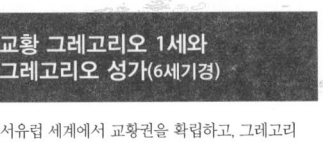

교황 그레고리오 1세와 그레고리오 성가(6세기경)

서유럽 세계에서 교황권을 확립하고, 그레고리오 성가를 정리함

수·당 교체기(618년) **D**

고조(이연)가 수를 멸망시키고 당을 건국. 태종 시대에 정치 체제를 확립함

동로마 제국 (비잔티움 제국)의 전성기(6세기경) **A**

유스티니아누스 1세가 지중해 연안으로 영토를 확장하면서 동로마 제국은 전성기를 맞이함

악숨 왕국이 번영함 (4세기경~6세기경)

홍해에 인접한 아프리카의 그리스도교 국가. 교역으로 번성함

이슬람교의 탄생 (610년경) **B**

유일신의 계시를 받았다고 알려진 메카의 상인. 무함마드가 신의 가르침을 전파함

◀ 다음 페이지에서 자세한 설명을 확인하세요

A

562년. 동로마 제국의 황제 유스티니아누스 1세는 두 번의 화재와 지진으로 소실된 아야 소피아를 재건한다. 당시 교회 건축 양식에는 '비잔티움 미술' 기법을 활용했으며, 이후 그리스 정교회의 중심지이자 역대 황제의 영묘로 사용되었다.

카바의 주위를 도는 무슬림

B

무슬림들은 성지인 메카 방향을 향해 매일 기도를 올리는데, 바로 이 메카의 중심부에 '카바'가 있다. 예언자 무함마드가 메카 교외에 있는 히라산의 동굴에서 처음 신의 계시를 받았다고 전해진다.

C

실크로드를 오가는 소그드인 카라반

소그드인은 소그드어를 사용했으며, 조로아스터교를 믿었다. 그들은 오늘날의 우즈베키스탄과 타지키스탄 인근에 거점을 두고, 유라시아를 아우르는 실크로드 교역의 주역으로 활약했다. 그러나 8세기 이후, 소그드인들은 무슬림 왕조의 지배를 받게 된다.

수(隋)의 대운하 건설

D

584년부터 610년까지, 수는 화북(華北)~강남(江南)을 잇는 대운하를 건설하기로 하고 광통거(廣通渠), 통제거(通濟渠), 영제거(永濟渠) 등의 운하를 차례로 건설했다. 대운하 건설로 중국 화북과 강남의 경제적 결속이 강해졌다.

4 파노라마 연표(400년~800년)

남·동남아시아	북·동아시아		일본
	후한(後漢)	고구려· 백제·신라	야 요 이 시 대
	황건적의 난(184년)		
	멸망(220년)		
굽타 제국 건국(320년경)	**위진 남북조 시대** 5호 16국 시대(304년~439년)	**👤근초고왕** (346년~375년)	
👤찬드라굽타 2세 (376년경~414년경)	법현 탄생(337년경~422년경) 쿠마라지바 탄생(344년~413년)	**👤광개토대왕** (391년~412년)	
		신라—왜 전쟁(391년)	
○법현의 인도 방문 힌두교 융성기	강남에 송(宋) 성립 / 남조(420년) 북위(北魏)가 화북을 통일 / 북조(439년)		고 훈 시 대
			왜왕 무가 송(宋)에 사절단 파견(478년)
○날란다 대승원 건립	북위 효문제의 균전제 시행(485년)	**👤진흥왕** (540년~576년)	
멸망(550년)			○백제로부터 불교 전래
	수(隋) 건국(581년) **돌궐**		쇼토쿠 태자가 스이코 천황의 섭정이 됨(593년)
	👤문제[양견] (581년~604년) 건국(552년) ○중국 통일(589년) 동서 분열(583년)		
바르다나 왕조	현장 탄생(602년~664년) **👤양제**(604년~618년)	**👤선덕여왕** (632년~647년)	관위십이계 제정(603년) 「십칠조헌법」 제정(604년) 아 스 카 시 대
건국(606년) **👤하르샤 바르다나**(606년~647년) 현장이 날란다 대승원을 방문한 뒤 하르샤 왕에게 초대받음	멸망(618년) **당(唐)** 건국(618년) 건국(618년)	**👤태종 무열왕** (654년~661년)	오노노 이모코가 견수사로 파견됨(607년) 다이카 개신(645년)
멸망(647년)	**👤고조[이연]** (618년~626년)	신라의 한반도	백강 전투(663년)
스리위자야	**👤태종[이세민]** (626년~649년)	통일(676년)	
건국(7세기경)	감진 탄생(688년경~763년)		
	👤현종[이융기] (712년~756년)	**발해** 건국(698년)	헤이조쿄 천도(710년)
		👤대조영 (698년 ~719년)	보리선나의 일본 방문(736년) 감진의 일본 방문(753년) 나 라 시 대
샤일렌드라	멸망(745년)	남북국 시대 개막	헤이안쿄 천도(794년) 사카노우에노 다무라마로 의 쇼군 취임(797년)
건국(8세기경)	탈라스 전투(751년)		
	안사의 난(755년~763년)		
	「양세법」 시행(780년)		
	황소의 난(875년~884년)		헤 이 안
	멸망(970년) → 5대 10국 시대(~979년)	멸망(926년)	시 대

12

• 시간의 흐름에 따라 서술한 연표로, 생략된 시대 · 사건이 있습니다.

연대	그리스 · 로마 · 유럽			서아시아
기원 원년	**로마 제국** 5현제 시대(96년~180년)			**파르티아**
100년				
200년				**사산조 페르시아**
300년	서고트족이 로마 영토로 이주함(376년) 로마 제국이 동서로 분열됨(395년)			
400년	**서로마 제국** 건국(395년) 카탈라우눔 전투(451년) 멸망(476년)	**동로마 제국** 건국(395년) 에페소스 공의회 **(431년)**	**서고트 왕국** 건국(418년) **프랑크 왕국** **메로빙거 왕가**	○에프탈의 침입
500년	**동고트 왕국** 건국(493년) 멸망(555년) ↓ **랑고바르드** 건국(6세기 후반)	🗣유스티니아누스 1세 (527년~565년) ○「로마법 대전」 완성 동고트 정복(555년)	건국(481년) 🗣클로비스 1세 (481년~511년) ○그리스도교 개종(496년) ○갈리아 전체 통일	○사산조 페르시아 전성기 🗣호스로 1세(531년~579년) ○돌궐과 합공해 에프탈을 멸망시킴 **무함마드 탄생**(570년경~632년)
600년			멸망 (711년)	**라쉬둔 칼리파국** 예언자 무함마드의 이슬람교 창시(610년경) 헤지라(성천) 발생/움마의 등장(622년) 정통 칼리파 시대(632년~661년) 니하완드 전투(642년) 멸망 (651년) **우마이야 칼리파국** 건국(661년) 🗣무아위야 1세(661년~680년)
700년				
	성상 파괴 운동(726년) 동서 교회의 분열(726년)		**우마이야 칼리파국 전성기(중앙아시아~북아프리카~이베리아 반도)** 투르 푸아티에 전투(732년)	
	멸망(774년)		**카롤링거 왕가** 🗣카롤루스 1세 (768년~814년)	**아바스 칼리파국** 성립(750년) 탈라스 전투(751년)
800년			카롤루스 1세의 대관식(800년)	
900년				

■ 이 책에서 다루지 않는 역사   ■ 3권에서 다루는 역사   □ 5권에서 다루는 역사

실크로드와 이슬람교의 발전

(400년 ~ 800년)

제 1 장

하루
한 권
학습만화

세계의 역사 4

〈자켓 및 표지〉 곤도 가쓰야 (스튜디오 지브리)

제**2**장

제**3**장

제**4**장

글로벌한
관점으로
세계를
이해하자!

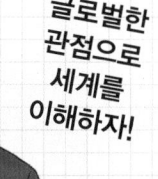

세계사 내비게이터

하네다 마사시 교수

일본판 도서를 감수한 도쿄대학의 명예 교수. 세계적인 역사학자로 유명함

〈일러스트〉 우에지 유호

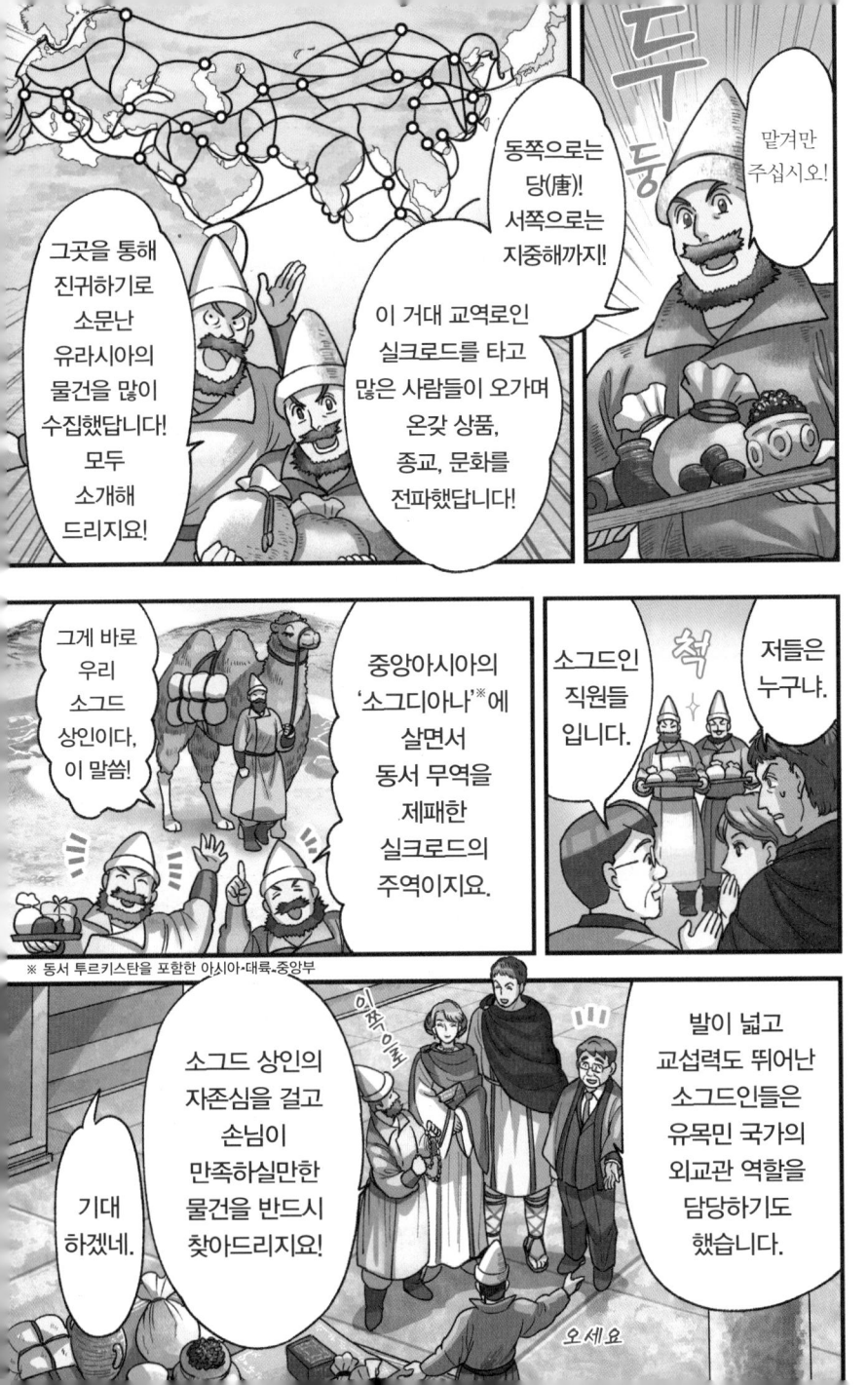

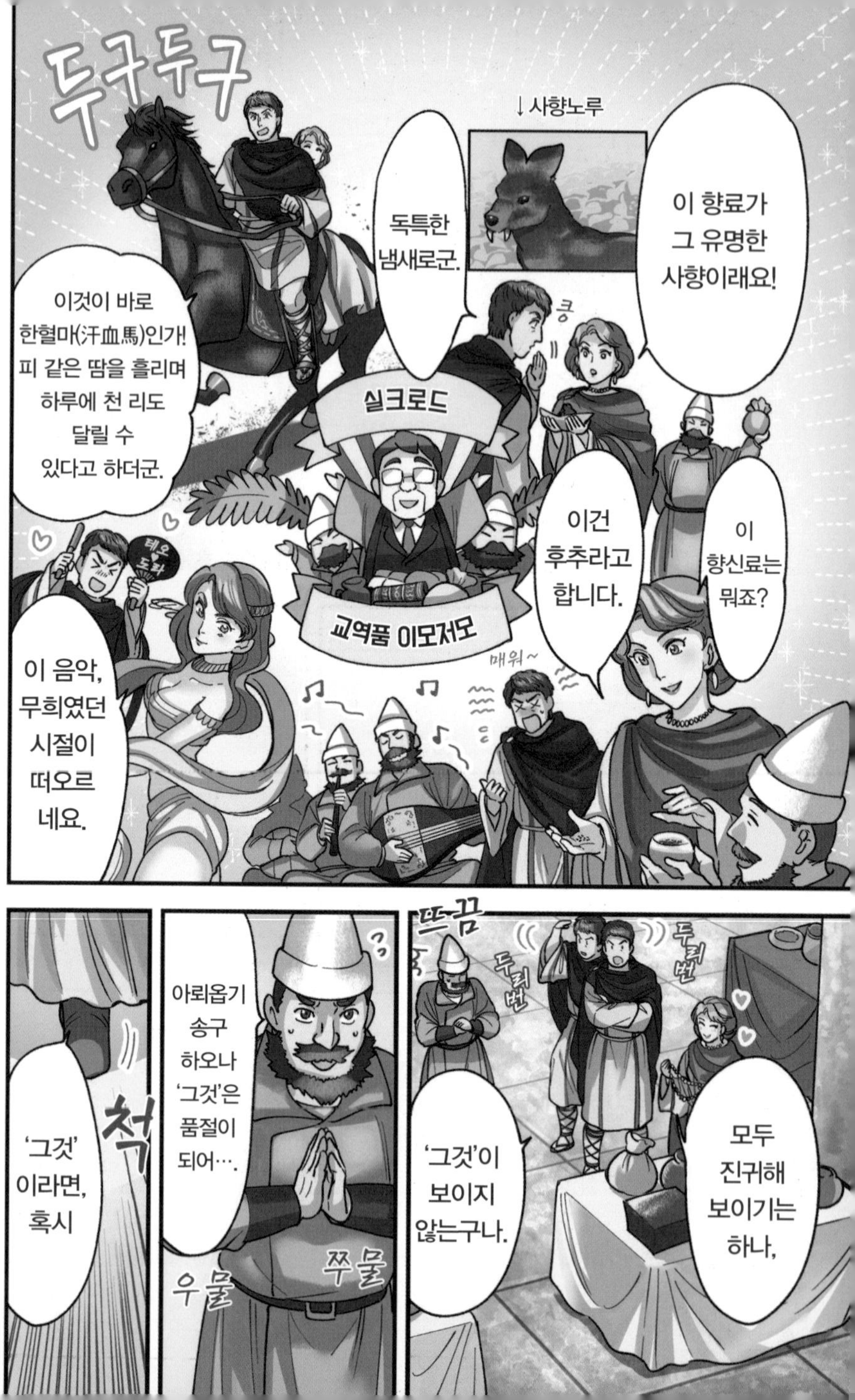

비단을 찾는 것인가?
짜라란
현종
(685~762)
당 황제
양귀비
(719~756)
현종의 비
줄줄
줄줄
바로 그것이네!
비단은 우리 당(唐)이 자랑하는 히트 상품이라 구하기가 아주 어려울 터인데.
비단의 제조법이 서아시아와 유럽에 전해진 것은 6세기 무렵의 일입니다.
당
바겐세일
아이고야
비단
입고 완료!
실크로드를 통한 무역이 시작되었을 당시에는 중국에서만 생산되는 귀중품이었습니다.
훗…
'개원지치'※라고 들어는 보았는가? 짐 또한 태평성대를 일군 명군이라네.
금화만 넉넉히 지불하시게. 이깟 비단 쯤은 얼마든지 내어줄 수 있으니.
욱
※ 현종 재위 당시, 당이 누린 태평성대를 일컫는 말

석☆석

황제라는 자가 딸뻘의 후궁을 맞이한 주제에. 명군 운운하는 것을 보니 참으로 가소롭구나!

흥!!

어디서 잘난척 이냐!

당신도 마찬가지 인걸요.

무희인 테오도라와 결혼할 수 있도록 법을 바꿔 달라고 조른 적도 있지요.

그리고 보니 '유스티아누스 1세'는 원로원 시절, 황제였던 외숙부에게

하나도 안 부럽다...

바게세일 로드

우리 귀비가 짱이 거든?!

우리 황후가 제일 예뻐!

하ー익

유, 유목민?

유목민이 왜 거기서 나오는 것이냐?

히이

택배 왔습니다!

유목 통운 입니다!

계십 니까!

두구두구

20

동로마 제국
(비잔티움 제국)

뭐라고?!

소그디아나

아바스 칼리파국

소그드인이 살던 소그디아나는 8세기 중반부터 이슬람 왕조인 아바스 칼리파국이 다스리게 됩니다.

언제?!

뜬금없지만

경영방침이 바뀌었습니다요.

부장

두둥

소그드인 여러분들은 지금부터 무슬림의 지배를 받게 될 것이오!

지도자 '칼리파'의 임명을 받은 '아미르※'가 도시와 도시 사이의 교통로를 직접 관리하고 있소.

안심해도 괜찮소.

하지만 ….

아아, 걱정 마시오. 우리 무슬림 상인들도 장사 수완이 꽤 짭짤하니. 이슬람교의 창시자이신 '무함마드'께서도 상인이었다는 사실을 알고 계시오?

※ 아랍어로 군사령관, 총독을 의미하는 단어

이슬람 왕조가 실크로드 교역에서 순순히 이익을 얻도록 둘 수는 없지. 동로마 제국에 위협이 될지도 모르는데!

동로마 제국 (비잔티움 제국)

두고 보자.

척

척

아바스 칼리파국

낙타

상인

상품

이 시기에는 여기저기에 상인과 상품이 모이는 장소가 생겨났습니다.

유라시아 대륙에서는 상인이나 여행자가 이러한 곳을 오고 가게 되면서, 자연스레 물건이나 문화도 이동하게 되었지요.

휙

이제 그만 일하러 가야겠군.

예, 폐하.

갑시다, 테오도라.

또 오세요~

어머!

선물 이랍니다.

동로마 제국으로 출발해 봅시다!

그렇다면 유럽의 중세시대를 살펴볼까요? 먼저, 유스티니아누스 1세가 다스리는

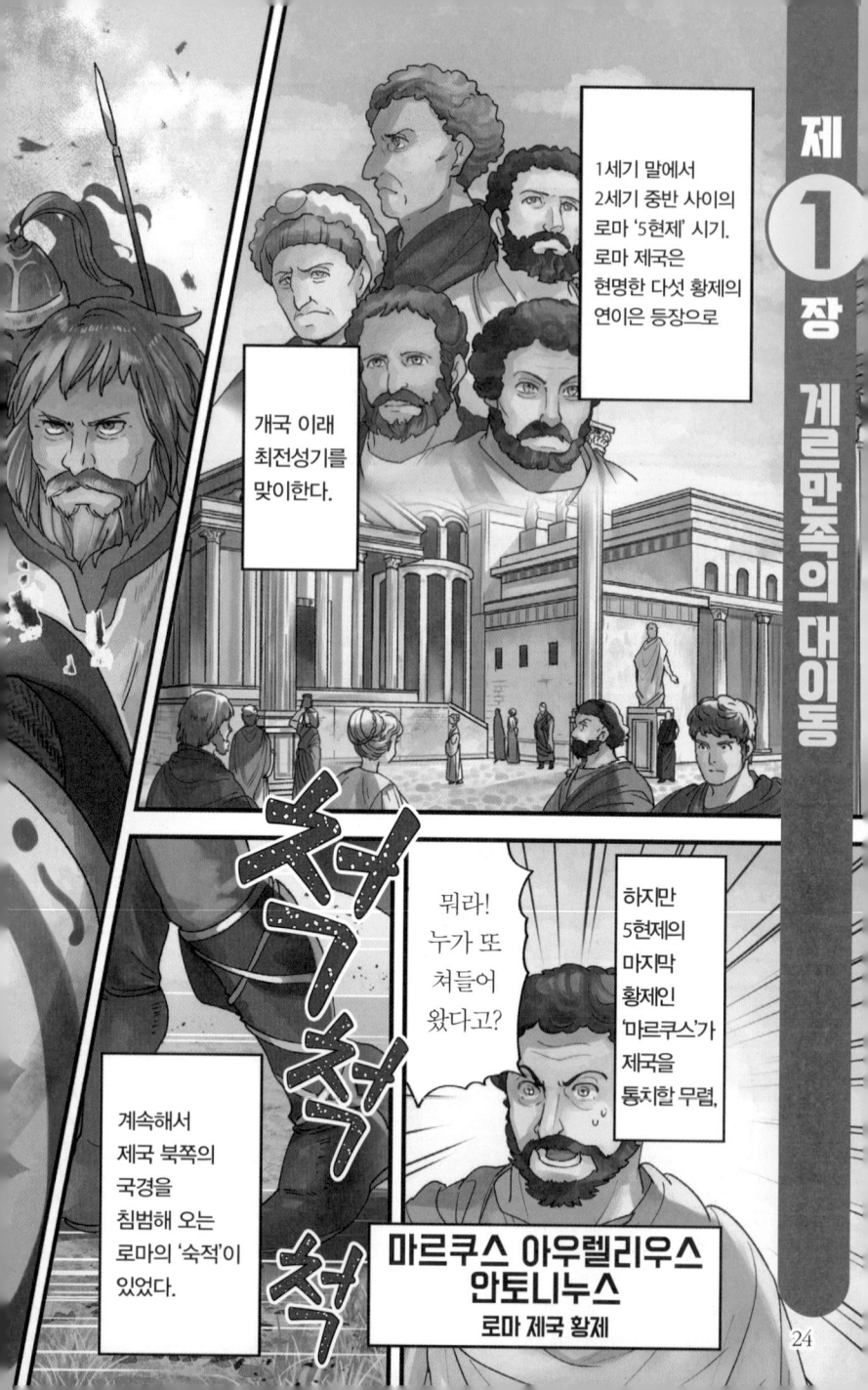

1세기 말에서
2세기 중반 사이의
로마 '5현제' 시기.
로마 제국은
현명한 다섯 황제의
연이은 등장으로

개국 이래
최전성기를
맞이한다.

뭐라!
누가 또
쳐들어
왔다고?

하지만
5현제의
마지막
황제인
'마르쿠스'가
제국을
통치할 무렵,

계속해서
제국 북쪽의
국경을
침범해 오는
로마의 '숙적'이
있었다.

척

척

척

마르쿠스 아우렐리우스
안토니누스
로마 제국 황제

24

그 정체는 바로,
게르만족이었다.

25

4세기 중반
게르만족의 거주지

인도유럽어족
중에서도
게르만어를
사용하는 민족을
통틀어
'게르만족'이라고
부른다.

유트족

앵글족

색슨족

프랑크족

반달족

라인 강

랑고바르드족

동고트족※

서고트족

도나우 강

콘스탄티노폴리스

로마

발트해 연안에는
수십 개의
게르만 부족이 모여
살아가고 있었는데,
각 부족은
한 명의 왕이니
여러 명의
수장이 다스렸다.

※ 최근에는 고트족이 동·서로
분열한 시기를 5세기 이후로
보는 견해도 있음

기원전 1세기,
라인 강과
도나우 강
유역에서
로마와
맞닥뜨린다.

거주 지역을
점점 넓혀간
게르만 부족들은

유럽은
유라시아
대륙의
서쪽 끝에
위치한다.

당시 유럽의 육지는
독일의
거대 삼림 지대인
'슈바르츠발트'처럼
빽빽하고
커다란 숲으로
뒤덮여 있었으며,

호수나 하천의
물줄기를 따라
마을이
형성되어 있었다.

로마는 주요 하천을
국경선으로 이용하는 한편,
강변에 울타리를 세워
게르만족의 접근을 경계하는
도구로 삼았다.

그중에서도
가장 중요한
강이 바로
라인 강과
도나우 강이었다.

이 사건을
기점으로
게르만족
동고트인의
대부분이
훈족의
지배를
받게 된다.

당시, 유라시아 대륙
동쪽에 살던 유목민인
'훈족'이 돈 강을 넘어
서쪽으로 이동한 것이
발단이었다.

그러나
4세기 후반,
로마와
게르만족 사이의
경계가 흔들리기
시작한다.

서고트족

훈족

동고트족

돈 강

도나우 강

375년
결국, 이주를 결심한
서고트족은
도나우 강을 건너
로마 제국 영토로
남하했다.

게르만 부족 중
하나인
'서고트족'도
훈족의 이동에
압박을 느꼈고,

더이상은
버틸 수
없다.

도나우 강을
건너자!
남쪽의 로마
제국령으로
몸을 피하라!

도망쳐~

로마

서고트족

이처럼,
발트해 연안에서
살아가던
게르만 부족들은
훈족에게 쫓기듯
남하하기
시작했는데

이는 약
200년에 걸친
'게르만족 대이동'의
시작이었다.

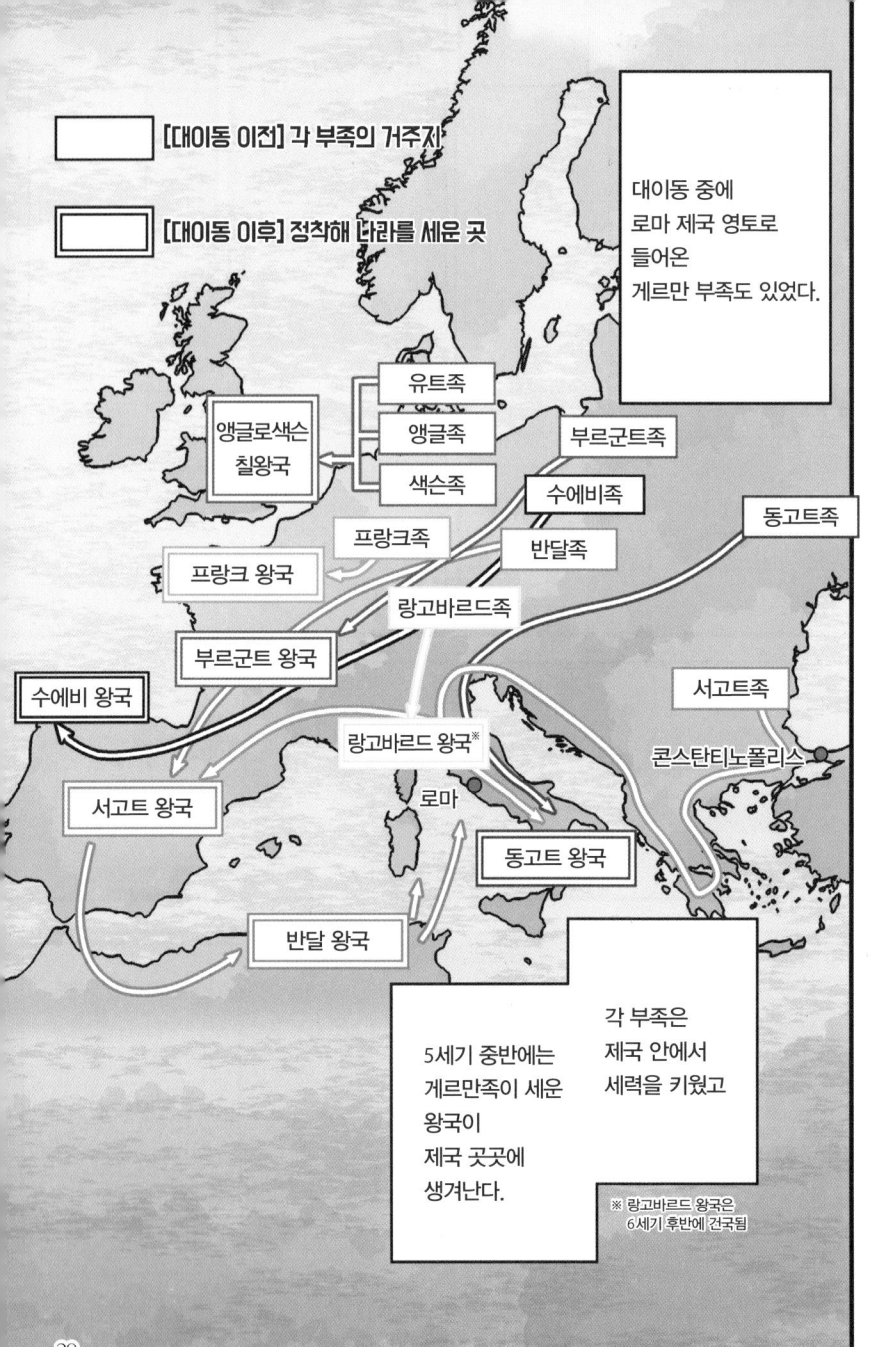

[대이동 이전] 각 부족의 거주지

[대이동 이후] 정착해 나라를 세운 곳

대이동 중에
로마 제국 영토로
들어온
게르만 부족도 있었다.

유트족

앵글족

색슨족

부르군트족

수에비족

동고트족

앵글로색슨
칠왕국

프랑크족

반달족

랑고바르드족

프랑크 왕국

부르군트 왕국

서고트족

수에비 왕국

콘스탄티노폴리스

서고트 왕국

랑고바르드 왕국※

로마

동고트 왕국

반달 왕국

5세기 중반에는
게르만족이 세운
왕국이
제국 곳곳에
생겨난다.

각 부족은
제국 안에서
세력을 키웠고

※ 랑고바르드 왕국은
6세기 후반에 건국됨

그들은 이탈리아 반도를 다음 목표로 삼았지만,

게르만족은 로마의 속주와 그 주변 도시를 오가며 약탈을 일삼았다.

게르만족

로마

와아아아아

기원전 113년

게르만족과 로마의 관계는

로마 공화정 시기까지 거슬러 올라간다.

당시 로마의 집정관이었던 '마리우스'가 이들을 물리친다.

끼一약

기록해 두자

이 전쟁 역시 로마의 카이사르가 승리한다.

갈리아 전기

사삭

기원전 1세기 중반, 갈리아 지방※에 정착한 켈트족이 반란을 일으킨다. 여기에 게르만족이 가담하면서 갈리아 전쟁이 발발하는데,

켈트족

게르만족

※ 현재 프랑스·스위스의 전역과 벨기에, 독일 서부 등을 포함한 지역

30

게르만족은
중요한 일을
결정할 때

모든
부족민이 모여
'민회'라는
회의를 엽니다.

이들의 사회,
정치, 문화에
대해서는 1세기 말에
쓰여진
타키투스의 저서,
『게르마니아』에
잘 드러나 있다.

이처럼
게르만족은
로마와
자주
접촉하고는
했다.

제국의 영토에
무사히 정착해
살아가기도 했으며,

한편,
일부 게르만족은
로마 문화와
라틴어를 받아들여

로마군의
용병으로
일하기도 했다.

4세기 무렵에
갈리아로 이주한
게르만족의 일파,
프랑크족처럼

이 기세에 힘입어 378년, 로마 제국으로 이주했던 서고트족은 '아드리아노플 전투'를 일으켜 로마군을 무너뜨렸다.

하지만 게르만족은 대이동 이후, 로마 제국마저 맞서기 어려울 정도로 힘을 키워 나갔다.

이대로라면 우리 제국은 멸망하고 말 것이다.

좋은 수가 없을까.

이 상황을 수습하기 위해 군인 출신인 '테오도시우스 1세'가 황제로 즉위한다.

테오도시우스 1세

폐하, 그것은 말도 안 됩니다!

펄럭

더 시간 끌어 좋을 것 없다! 서두르게.

따지고 보면 우리 책임도 크다. 그들에게 약속한 식량을 주지 않은 건 우리 군의 사령관이니 말일세.

엄연히 말해 반란을 일으킨 자들이 아닙니까!

그들의 제국 내 거주를 허락하도록 하지.

서고트족과 평화 조약을 맺어야겠다.

이로써,
게르만족과
로마 제국 사이의
혼란은
잦아드는 것처럼
보였다.

382년,
테오도시우스
1세는
서고트족과
평화 조약을
맺었다.

395년,
세상을 떠났다.

테오도시우스
1세는
로마 제국을
둘로 나눠
자신의
두 아들에게
물려준 뒤

호노리우스
서로마 제국을 상속한 황제

아르카디우스
동로마 제국을 상속한 황제

동·서로 나뉜 로마 제국은
세력을 키워 나가던
게르만족으로부터
많은 영향을 받게 된다.

반달족이나
수에비족과 같은
게르만족에 의해
갈리아 지방을
약탈당하기 일쑤였다.

갈리아

수에비족

반달족

라벤나

로마

서로마 제국은
동생인
호노리우스가
다스렸는데,

로마의
도시 곳곳을
쑥대밭으로
만들고 만다.

410년, 서로마 제국은
게르만족을
배제하기 위해 움직였으나,
이를 눈치챈 서고트족이
크게 반발하며

자꾸
습격해서
영토를
황폐하게
만드니….

하지만
북쪽의
훈족이
더 성가셔!

훈족

서로마 제국은
게르만족
때문에
고생이라지.

한편,
아르카디우스가
물려 받은
동로마 제국은
그가 죽은 후 아들인
'테오도시우스 2세'가
뒤를 이어 다스렸다.

테오도시우스 2세

서고트족도 포기할 정도로 강한 놈들이 아니냐. 상대하고 싶지도 않구나.

제발 다른 곳으로 좀 가 달란 말이다.

싸움은 안됩니다! 차라리 돈을 줘서 내보내시지요.

그들과 싸워야 합니다!

서고트족이 왜 서로마 제국으로 내려 왔겠습니까! 훈족이 두려워서 아닙니까?

게르만족 문제만 해도 머리가 터질 지경인데,

이제는 훈족까지 설치는 구나!

폐하!

발렌티니아누스 3세
당시 서로마 제국 황제

ㅍ——악

나이스!

이건 꿈이야!

훗

450년

아틸라

갈리아

서로마 제국

도나우 강

로마

동로마 제국

당시 훈족을 다스리던 아틸라가 풍요로운 갈리아 땅에 흥미를 보였고, 이들은 동로마 제국에서 서로마 제국으로 눈을 돌렸다.

와아 아 아아 아

하지만,

휴, 일단 한숨 돌렸군.

서로마 제국은 비로소 훈족의 위협에서 벗어났으나, 황제의 힘은 점점 약해지고 있었다.

게르만족의 힘을 무시할 수 없게 되었으니, 이걸 다행이라고 해야 할 지.

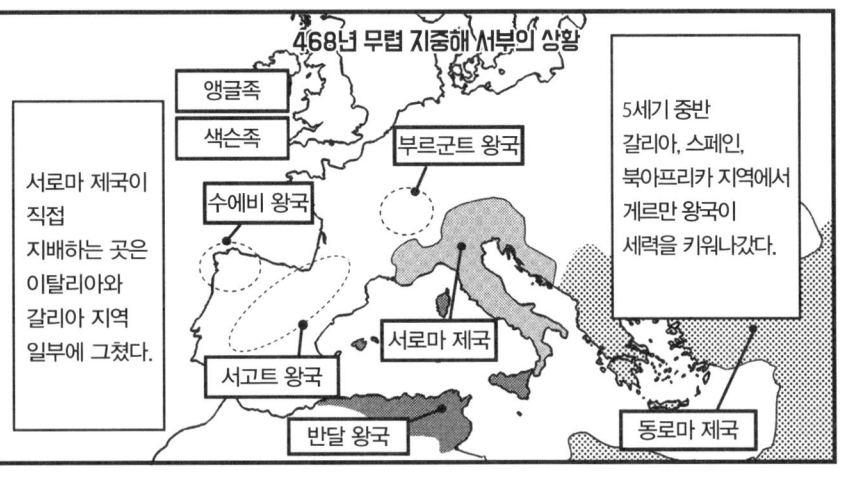

468년 무렵 지중해 서부의 상황

서로마 제국이 직접 지배하는 곳은 이탈리아와 갈리아 지역 일부에 그쳤다.

앵글족

색슨족

부르군트 왕국

수에비 왕국

서고트 왕국

서로마 제국

반달 왕국

5세기 중반 갈리아, 스페인, 북아프리카 지역에서 게르만 왕국이 세력을 키워나갔다.

동로마 제국

게르만족 왕국의 왕족인 '군도바트'※가 서로마의 군사령관을 자처하고 있지요!

이 나라의 황제는 이제 꼭두각시에 불과하다.

지금의 서로마 제국은 허울 뿐이다.

게르만족 장군과 왕이 황제를 대신해 나라를 다스리고 있지 않은가.

오도아케르
서로마 제국의 게르만계 장군

그러던 중 476년 9월, 서로마 제국군의 핵심 간부였던 장군, '오도아케르'가 쿠데타를 일으킨다.

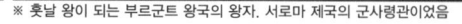
※ 훗날 왕이 되는 부르군트 왕국의 왕자. 서로마 제국의 군사령관이었음

씨익

슬슬 마무리를 지어볼까?

폐하.

척

찌릿

아시겠습니까?

폐하께서는 오늘, 황제의 자리를

반납하시는 겁니다.

그, 그래.

알겠네.

로물루스 아우구스툴루스
서로마 제국의 마지막 황제

'오도아케르'는 황제를 퇴위시켰다.

476년, 서로마 제국은 멸망하고 만다.

하지만, 사람들은 이 사건을 중요하게 생각하지 않았다.

당시 서유럽은 게르만족의 왕국들이 주도하는

'중세시대'※로 나아가고 있었기 때문이다.

※ 한편 게르만계 왕들이 동로마 황제를 계속 존중했기 때문에, 8세기까지를 '고대 말기'로 보는 시각도 있음

집으로 돌아오는 길에 강도를 만났지 뭐예요.

아버지!

뭐라!

괜찮은 게냐? 다친 곳은 없고?

이게 대체 무슨 일이냐! '아에티아'!

따님께서 무사하셔서 다행입니다.

프랑크족의 왕, '킬데리쿠스' 님을 모시는 '타고베르트'라고 합니다.

이 프랑크인이?

네. 이 분께서 구해 주셨습니다.

42

당시 킬데리쿠스는 갈리아 북부의 로마인들과 협력 관계를 맺고 있었다.

내 딸이 신세를 졌군.

내가 다스리는 이 일대도 자네 덕에 안전해졌지.

사례를 하고 싶소만.

기다리시게.

아, 잠시만요.

그럼, 전 이만….

우리 로마인은 예절 빼면 시체라네!

프랑크인의 전투 능력이 뛰어난 것은 사실이지만, 그 외에는….

아뇨, 맞는 말씀입니다.

대부분의 프랑크인은 싸움밖에 모르거든요.

흥

아버지!

당신을 보니 프랑크인은 정말 용감한 것 같아요!

구해주셔서 감사해요!

어린 시절 읽었던 '키케로'[1]와 '베르길리우스'[2]의 작품은 아직도 생생하게 떠오릅니다.

우리 로마의 고전까지 읽었단 말인가!

하지만 제 부모님께서는 다른 사람들의 문화도 배우며

성장해나가야 살아남을 수 있다고 가르쳐 주셨습니다.

※1 변론가이자 정치가. 아카데메이아학파와 스토아학파의 영향을 받았으며,『국가론』을 집필한 인물
※2 『목가』와 『아에네이스』 등을 저술한 로마의 대표 시인

그러한가! 로마 교회와 같은 가르침을 …!

훌륭한 집안 이로다!

저희 가족은 그리스도교 신자랍니다. 아타나시우스파[3]의 교리를 따르고 있지요.

흐음, 하지만 여러 문화와 사상을 받아들이기 위해 종교는 필수지.

프랑크인은 따로 믿는 신이 있다고 들었네만. 어디 그래서야 되겠는가!

아버지도 참…

불끈

크흠

※3 성부(하느님), 성자(예수), 성령의 세 위격이 동일하다는 그리스도교의 정통 교의

이젠 로마인과 게르만족을 나누는 것조차 의미가 없어졌는지도 몰라.

사실, 이곳 갈리아의 로마인만 봐도 제대로 로마 교양을 갈고 닦는 사람은 아주 드물다네.

편견을 가지고 있었네. 사과하지.

내가 프랑크 족에 대한

그랬군.

로마 교양의 전통을 계승하는 것이 중요하겠지.

이제는

그들의 행동은 도저히 용납할 수가 없다네.

그리고 말일세 수십 년 동안 갈리아 땅에서 살아온 부르군트족※4이나 서고트족을 좀 보게나.

네.

후우…

저도 동의합니다.

※4 게르만 부족의 하나. 갈리아 동남부 지역에 부르군트 왕국을 세움.

두 나라 모두 마치 독립국처럼 행동한다 들었습니다.

부르군트 왕국은 갈리아 동쪽을, 서고트 왕국은 루아르 강* 남쪽의 넓은 지역을 차지하고선

이처럼 뻔뻔하게 다른 도시를 공격하지는 않겠지!

부르군트족과 서고트족이 진심으로 서로마 제국을 섬긴다면

※ 오늘날 프랑스에서 가장 긴 강

앵글족
색슨족

현지 유력자·부족의 실질적인 지배 지역

475년 무렵 지중해 서부의 상황

부르군트 왕국

수에비 왕국

서고트 왕국

서로마 제국

반달 왕국

위대한 로마를 무시해도 유분수지!

그렇다네 정말 괘씸하지 않은가?

제국군이 물러난 자리를 색슨족이 차지했지.

브리튼 섬을 다스리던 서로마 제국군과 관리인들이 모두 철수했다고 들었습니다.

하지만 브리튼 섬과 비교하면 갈리아 상황은 그나마 좀 낫지 않습니까.

5세기 초,
서로마군이 철수한
브리튼 섬을 놓고
현지의 브리튼인,
대륙에서 이주한
게르만족,
그리고
색슨족이 대립한다.

그 결과,
5세기 중반에
이르면
섬 대부분을
색슨족이
차지하게 된다.

브리튼 섬의
아름다운
로마풍 도시는
온데간데 없고,

섬 주민들의 생활도
서로마 제국이
정복하기 이전으로
돌아갔다고 하더군.

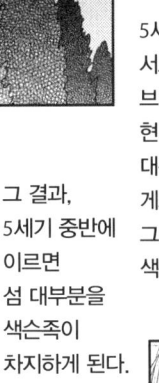

저의
주군이신
킬데리쿠스
전하는
로마인을
존중하는
분이십니다.

왕자이신
'클로비스' 저하
또한 현명하고
끈기 있는
분이시고요.

언젠가
갈리아에도
로마 문화가
사라지는
날이
오려나….

걱정
마십
시오.

예!
하지만 저하께서는
장차 프랑크족의
위대한 왕이 되실 겁니다.
갈리아의 로마인도
도와주실 거고요!

쿡 쿡

어머나!

팡!

클로비스 저하는
아직 어린
것으로
알고 있네만.

15년 후

서로마 제국이 멸망한 지도 벌써 20년이 지났군.

클로비스 1세
프랑크 왕국 국왕

481년, 클로비스 1세는 킬데리쿠스의 뒤를 이어 왕위에 오른다.

프랑크 왕국의 메로빙거 왕조가 성립되는 순간이었다.

그럼에도 여전히 우리 왕국에는 그리스도교를 믿는 로마인이 많고….

좋다.

나 역시 그들처럼 세례를 받겠네.

그리스도교 신도가 되는 거지.

클로비스 1세는 그리스도교 신도인 로마인 귀족들과 우호적인 관계를 유지해야했다.

갈리아 지역의 게르만족 인구는, 로마인과 비교하면 5% 정도에 불과했기 때문에

그 말씀은….

496년,
클로비스 1세는
그리스도교로 개종하며
왕국 내 로마인들과의
융합을 꾀했다.

준비는
끝났다.

이렇게 해야
갈리아의
로마인들이
나를 마음 편히
지지하지
않겠는가.

그렇네.

마침내
전하께서도
그리스도교
신자가
되셨군요.

이제는
부르군트와
서고트를
갈리아에서
몰아낼 때가
왔다!

예!

우아 아 아아아

507년,
클로비스 1세는
서고트군을
무찔렀다.

갈리아는
우리
프랑크
왕국이
차지한다!

드디어
갈리아 영토
대부분을
우리 것으로
만들었다!

서고트족이
본거지를
옮긴답니다!
피레네
산맥의 남쪽,
톨레도*입니다!

※ 스페인 중부의 도시

534년에 결국,
정복에
성공했고

511년, 클로비스 1세
사후
그의 후계자들이
부르군트 왕국을
공격했다.

수에비 왕국
프랑크 왕국
부르군트 왕국
서고트 왕국
동고트 왕국
반달 왕국
동로마 제국

6세기 중반,
마침내
프랑크 왕국은
갈리아 지역의
통일을
이뤄낸다.

그러다가 395년,
테오도시우스 1세가 죽고
두 아들이
황위를 물려받는 과정에서
로마 제국의 동쪽과 서쪽은
완전한 별개의 국가로
분리된다.

4세기, 로마는
제국의 영토를
동·서로 나눠
서로 다른
황제가
다스리게 하는
'사두정치'를
시행했다.

서   동

콘스탄티노
폴리스

흑해

시리아

카스피해

지중해

이집트

동로마 제국은
콘스탄티노폴리스를
수도로 삼았다.

동로마 제국은
발칸 반도, 시리아,
이집트에 이르는
광대한 영토를
다스렸다.

콘스탄티노폴리스의
옛 명칭은
'비잔티온' 인데,
이와 같은 이유로
동로마 제국을
'비잔티움 제국'이라
부르기도 한다.

국교인 그리스도교를 보호함과 동시에 밀접한 관계를 유지하고 있었다.

관료 제도를 확립해 황제가 실권을 꽉 잡고 있었으며,

수도로 삼은 콘스탄티노폴리스는 튼튼한 대성벽에 둘러싸여 있었으며, 광장과 경기장도 갖춰진 곳이었다.

또한, 바다에 인접한 항구도시였다.

유스티누스 1세

고민이군.

518년, '유스티누스 1세'가 동로마 제국의 황제로 즉위했다.

부르셨습니까, 외숙부님.

아니, 폐하.

유스티니아누스

탓

저는 반드시
로마의 이름으로 그 땅을 되찾을 것입니다.
녀석,
야심이 대단하구나.
그 열정을 다른 곳에도 쏟으면 좋을 것을….
슬슬 결혼해야 하지 않겠느냐?
윽….
시, 실은….
마음에 둔 여성이 있습니다.
오호, 그게 누구냐?
그것이… 무희인지라.
에헤헤
무희?!

의원과 무희의 결혼은 법으로 금지되어 있거늘!

원로원 의원인 네가 어찌하여!

압니다!

그러니 외숙부님이 힘 좀 써주세요!!!

할 수 없지

훗날 유스티니아누스와 결혼하는 '테오도라'는

콘스탄티노폴리스의 한 극장에서 격렬한 춤을 추며 인기를 끈 무희였다.

결국, 유스티니아누스는 황제인 외숙부의 힘을 빌려 법을 개정했고

527년

유스티니아누스는 유스티누스 1세의 뒤를 이어 황위에 오른다.

524년, 테오도라와 결혼에 골인한다.

드디어 로마 제국의 영광을 되찾을 때가 왔다!

와아아아

반드시 해내고야 말겠어!

와아아아

와아아아아아아아아

로마 법률부터 정비하는 것이 좋겠어.

콰당

우선은 국내 문제를 해결해 볼까?

맡겨만 주십시오.

옛 황제들이 내린 칙법※(법률)을 정리하라.

예, 폐하.

사법관, 트리보니아누스여.

트리보니아누스

※ 하드리아누스(117~138) 이후의 황제들이 내린 칙법을 정리해 「칙법휘찬(勅法彙纂)」을 편찬함

또한,
로마법에 대한
학자들의 의견※도
함께 정리하도록.

로마법이
그리스도교의
교리에
위배되어서는
안 되네.
반드시 명심하게.

알겠
습니다.

예, 옙…

※ 법학자의 의견을 모아서 『학설휘찬(學說彙纂)』을 편찬함

이 법전은
『로마법 대전』
이라는 한 권의
책으로 묶였고,

유스티니아누스 1세는
수 세기에 걸친
로마의 법률을 모아
법전을 편찬하라 지시했고,
트리보니아누스는
530년에
모든 정리를 끝마친다.

동로마
제국뿐 아니라,
훗날
서유럽 국가의
법률 제정
과정에서도
큰 영향을 미친다.

일이
너무 많아!

히이익!

아, 앞으로 짐이
죽기 전까지
내릴 칙령들도
잊지말고
정리하게나.

팔락
팔락

방심했다가는 뒷통수를 맞을 수도 있겠군.

동쪽 영토의 페르시아는 어떻게 할까요?

페르시아

동로마

×

게르만 놈들, 기다려!

좋아! 이제 서쪽 영토를 탈환하러 가자!

페르시아에는 돈을 쥐여주게! 휴전 협정을 맺어야겠네.

흠…

우리 동로마 제국과 사이좋게 지내던 반달 왕국의 왕이 반란으로 죽다니…

530년 무렵 지중해 지역

프랑크 왕국

게피드족

슈에비 왕국

동고트 왕국

슬라브족

서고트 왕국

콘스탄티노폴리스

반달 왕국

동로마 제국

옛 서로마 제국의 영토를 죄다 게르만족이!

이를 명분으로 반달 왕국부터 처리해야겠군.

끄~응…

그래, 세금을 더 늘려야겠어.

문제는 정벌에 필요한 돈인데….

반달 왕국을
침공하기
2년 전
532년 1월,

황제를
갈아
치우자!

옛 서로마의
영토가
우리랑 무슨
상관이냐!

와아——

전쟁은
돈먹는
하마다!

세금을
또
올려?

웅성 웅성

그러나,
증세 소식을 접한
시민들의 분노는
상상 이상이었다.

콘스탄티노
폴리스에
위치한 성당,
'아야 소피아'가
불타고 말았다.

이 사건을
'니카의 반란'
이라고 부른다.

화

시민들이
폭동을 일으켜

와아이아아아

위대한 로마를
되찾을 때까지
포기할 수 없다!

부들...

사람들의
관심을
다른 곳으로
돌려야 해!

이대로
끝인가.

아니,
아직이야!

원로원
위원까지
반란 세력에
가담하다니.

와 와

누굴 바보로 아나!!

폭동은 진정될 기미가 보이지 않았다.

유스티니아누스 1세는 세금을 올린 재무 관료를 해고해 시민들의 분노를 잠재우려고 했으나,

예에?!

그러니, 내 대신 희생해주게!

폐하.

테오도라, 도망 칩시다!

살해당하고 말거야!

망했다!

한낱 서민으로 생을 마감하실 겁니까?

그럴 바에는

도망이라니, 가당치도 않습니다. 저는 못 갑니다. 황제께서도 궁전에 남아 황위를 지키 셔야지요!

당당하게 황제의 옷을 입고 죽는 것이 낫습니다.

저도

폐하를 따르겠사옵니다.

……

예에?!

아니다.

테오도라의 말이 맞다.

어서 몸을 피하셔야 합니다!

폐하, 황후마마의 말을 들으시면 안 됩니다!

물론일세.

폐하, 반란이 잦아들고 있사옵니다. 그러니 아야 소피아를 재건하는 것이 어떻겠습니까?

특히, 교회 정비와 재건에 공을 들였다.

유스티니아누스 1세는 건축 사업에도 힘썼는데

유스티니아누스 1세가 재건한 아야 소피아는 비잔티움 미술의 대표적인 건축물이다.

아야 소피아를 전에 없던 모습으로 재건하게!

아야 소피아의 웅장함은 1500년이 지난 지금까지도 잘 보존되어 있으며, 현재는 모스크*와 박물관으로 사용 중이다.

※ 이슬람교의 예배당

그리스 십자형 플랜, 반구형 지붕인 거대돔, 모자이크 벽화가 특징이다.

534년

와아아아아

반달 왕국이 동로마 제국에 항복했다.

유스티니아누스 1세는 반란 진압에 힘입어 적극적으로 원정에 나섰다.

로마의 수도를 탈환하라!

좋다! 이제 이탈리아 반도의 동고트족을 치러 가자!

로마

동로마 제국 확대

555년에는 격렬한 전투 끝에 동고트 왕국을 무찔렀다.

유스티니아누스 1세는 원정의 결과로 이탈리아 영토를 탈환했으며 고대 로마의 수도였던 도시, '로마' 역시 되찾을 수 있었다.

※ 동로마 제국의 이탈리아 재정복은 약 25년에 걸쳐 진행되었으며, 당시 이탈리아 땅은 오랜 전쟁으로 인해 황폐화가 진행됨

로마 제국이 게르만족에게 빼앗겼던

지중해 지역의 대부분을 되찾았도다.

라틴 유럽 문화가 강세인 지역

독자 문화가 발달한 지역

훗날 동로마 제국의 중심

그러나 이때 획득한 영토는 훗날의 로마 제국 황제들에게 골칫거리가 된다.

동시에, 문화가 다른 지역까지 포용했다.

이렇게 동로마 제국은 지중해 지역의 대부분을 다시 통일했고,

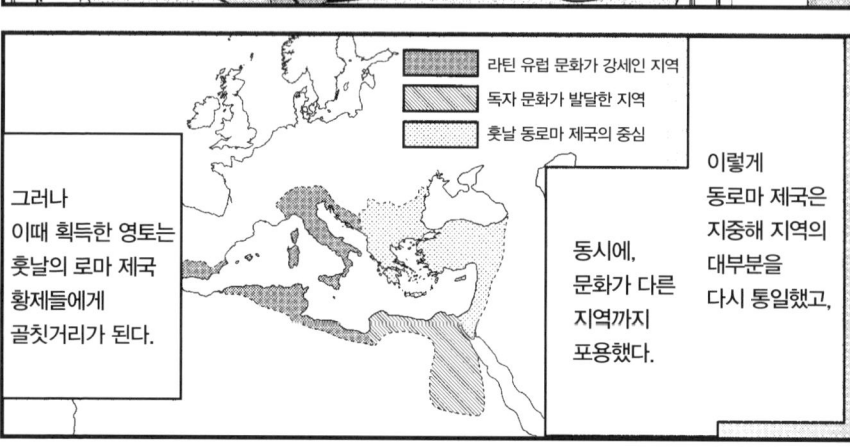

565년, 80살을 넘긴 나이에 눈을 감는다.

그 명성을 되찾기 위해 평생 일에만 몰두했던 유스티니아누스 1세는

과거, 번영했던 고대 로마.

로마 제국의 영광이 드디어 눈앞에!

유스티니아누스 1세가
남긴 업적은
오늘날까지 널리
기억되고 있다.

『로마법대전』
편찬과
아야 소피아의
재건 등,

'플라톤'이
만들고
'아리스토
텔레스'가
공부한
학원의 역사가
이렇게
끝나다니…

폐하께서
아카데메이아의
가르침을
이교사상이라
정하셨다는군.

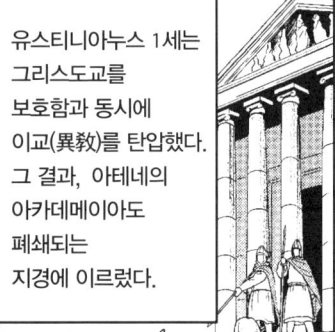

유스티니아누스 1세는
그리스도교를
보호함과 동시에
이교(異敎)를 탄압했다.
그 결과, 아테네의
아카데메이아도
폐쇄되는
지경에 이르렀다.

또한
이 시대에는
그리스도교와
황제의 결속이
더욱
견고해졌다.

그리하여
로마 황제의
권력은
신으로부터
부여받은
것이며

국가는 신의 뜻에 따라
통치해야 한다는
사상이 널리 퍼졌다.
후대의
로마 황제들 역시
이를 계승해
나라를 다스렸다.

하지만

폐하!
점령지의 주민들이
세금이 무겁다며
반란을
일으켰습니다!

뭐라?

거리가
멀었다.

유스티니아누스
1세가
영토를 되찾은
이후의
동로마 제국은
그가 꿈꿔왔던
고대 로마의
부활과는

슬라브족

도나우 강

동쪽의
페르시아와도
전쟁을
피할 수 없고,

도나우 강 주변의
경계가 너무
허술했나….
슬라브족*이
발칸 반도를
휘젓고 다니는군.

이를
어쩐다.

동로마 제국

사산조
페르시아

아이고…

※ 카르파티아 산맥의 북쪽에 살던
인도 유럽어족 계열의 민족

랑고바르드

토마

동고트로부터 탈환했던
이탈리아 영토마저 잃었다.

6세기 후반,
동로마 제국은
게르만계 부족인
'랑고바르드족'의
침공을 받아

70

살아남고 싶거든
옛 로마의
영광은 잊거라.

그 후,
동로마 제국이
지중해 전역을
지배하는 일은
두 번 다시
없었다.

하지만
이들은
그 후로도
900년이 넘는
역사를
이어갔다.

사산조 페르시아

동로마 제국

아라비아 반도

한편, 7세기
아라비아 반도에서는
동로마 제국이
무시할 수 없는
새로운 움직임이
생겨나고 있었다.

바로
이슬람교의
등장이었다.

[잠깐!] 타고베르트, 아에티아를 비롯한 사람들은 역사상의 실존 인물이 아닙니다.

흑해

콘스탄티노폴리스

동로마 제국

사산조 페르시아

나일강

아라비아 반도

•메카

아라비아 반도는 아시아 대륙 남서부에 위치한다. 이곳은 건조한 기후로 인해 면적 대부분이 사막지대로 이루어져 있다.

사막의 오아시스를 중심으로 마을을 이뤄 살아가던 아랍인들은 유목과 농업으로 생활을 이어 나갔고,

카라반※1을 꾸려 장사도 했다.

※1 대열을 이뤄 사막을 나아가는 상인 일행. 대상(隊商)이라고도 함

부족마다
각각 다른 신을
모시며
살아가고 있었다.

아랍인들은
나무, 샘물,
돌과 같은
자연물에는
정령※2이
깃들어 있다고
믿었고

※2 아라비아 전승 신화에 등장하는 초월적 존재로, 정식 명칭은 Djinn(진)

급속한
성장 속에서 피어난
빈부격차는
심각한 사회문제로
떠올랐다.

6세기 후반,
아라비아 반도의
대도시였던 '메카'는
교역이
활발해지면서
크게 번성했지만

와아아아아

아니,
저
사람은!

610년
무렵

가난한
이들을
어찌하면
좋겠는가…

무례하도다!

아니, 어찌하면 대대로 믿어온 신들을 하루 아침에 부정할 수 있단 말이오!

가난한 자들과 청년들 사이에서 무함마드의 인기가 하늘을 찌르는군!

그것 참 성가시단 말이지….

어림도 없는 소리!

처리하러 갑세!

우리의 권위를 꺾으려는 것일지도 모르겠소…. 메카를 손에 넣고 싶은 게지.

어쩌면, 무함마드는

심지어는 무함마드의 가문인 '하심가'를 압박하기도 했다.

메카의 원로들은 무함마드와 그의 제자들을 박해하기 시작했다.

척

■ 와— 와—

우리 신도는 물론이고, 무함마드 님의 목숨까지도 위태로우니…

큰일이군. 목숨이 붙어 있어야 말씀도 전하는 법인데…

실례 합니다.

무함마드 님을 꼭 뵙고 싶습니다.

우리는 메카의 북쪽에 있는 작은 마을, '메디나'※에서 왔습니다.

※ 사우디아라비아의 내륙도시로, 당시의 이름은 '야스리브'였음

부디 메디나에도 이 가르침을 전해 주십시오!

훌륭한 말씀 입니다!

메디나에서 찾아온 사람들은 마을 밖에서 무함마드를 만나 가르침을 받았다.

메디나의 주민들 또한, 다시 메카를 방문해 무함마드의 가르침을 받았다.

이 일을 계기로 무함마드는 메디나에 제자들을 파견했고,

메디나

메카

이참에 제자분들과 함께 메디나로 오시는 건 어떠십니까.

메카 원로들의 박해가 날로 심해지는 것 같습니다.

무함마드 님.

이들은 메디나에 무함마드를 지도자로 섬기는 공동체, '움마'를 만들었고 이를 중심으로 세력을 확대해 나갔다.

622년 무함마드와 그의 제자들은 메디나로 이주하는데, 이 사건을 '헤지라'라고 부른다.

사실, 저희 마을은 부족 간 다툼이 점점 심해지고 있어 골치가 아플 지경입니다. 무함마드 님께 중재를 부탁드리고 싶습니다만….

태양력(그레고리력)

태양의 움직임을 바탕으로 계측함
1년은 약 365일

이슬람력(헤지라력)

달의 움직임을 바탕으로 계측함
1년은 353~355일

헤지라력

달이 차고 기울어지는 현상에
기초해 한 달을 정하며,
윤달※이 없는 이슬람력은
매년 열 흘 정도
태양력과 차이가 난다.

또한, 이들은
무함마드가
메디나로 이주한
622년을
'기원 원년'
으로 삼은
헤지라력을
사용했다.

무함마드의
가르침을
'이슬람교'라
부르고,

그의
가르침을
믿는
사람들을
'무슬림'
이라고 한다.

※ 달력의 계절과 실제 계절과의 차이를 조절하기 위해, 1년 중 달수가 어느 해보다 많은 달

맞는 말일세.
그들이 메디나로
쳐들어올지도
모를 노릇이니.

하지만…
메카의
쿠라이시족 사람들과
결판을 내지 못한게
마음에 걸린단 말이지.

상인이 되어
부와 힘을 축적한
부족 사람들은
무슬림을
박해했다.

무함마드의
가문도
쿠라이시족
이었지만,

원래
유목민 생활을 했던
쿠라이시족은
5세기 무렵,
메카에 정착해
그곳에서 세력을
키웠다.

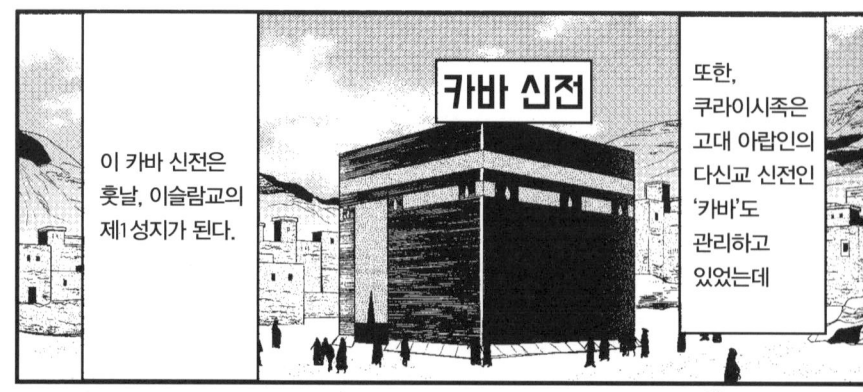

카바 신전

이 카바 신전은 훗날, 이슬람교의 제1성지가 된다.

또한, 쿠라이시족은 고대 아랍인의 다신교 신전인 '카바'도 관리하고 있었는데

624년

무함마드 님께서 반격해도 좋다 하셨네.

메카로 향하는 카라반을 덮쳐서

짐을 모조리 빼앗아 버리는 거야!

지난 설움을 모조리 되갚아 주겠어!

무함마드 무리가 우리 카라반을 노리고 있다니!

뭐?!

한편 메카에서는

서둘러 원군을 보내라!

예!

교역이 잘못되기라도 한다면 그땐…

이놈들이….

홍해 근처의 바드르

•메디나
바드르 ✕메카

이렇게 해서 메카의 쿠라이시족과 메디나의 무함마드 무리가 전투를 벌인다.

콰악

어서 명령을!

무함마드 님!

진군할 준비를 마쳤습니다!

메카의 군대가 쳐들어오고 있습니다!

와아 아아 아아

무함마드는 메카에 '무혈입성' 했다.

다신교 신들의 우상을 모조리 파괴하고, 알라께 기도를 올렸다.

가장 먼저 카바 신전에 안치되어 있던

카바는 예언자이신 이브라힘※과 그 아들인 이스마일이 지은 유서 깊은 장소이건만.

우상이….

※ 『구약성서』에 등장하는 인물로, 신의 말씀을 사람들에게 전했다고 함

소곤 소곤

뭐?

눈이 마주쳤어….

바로 그래서 라네.

평범한 돌이나 나무를 숭상하는 것도 신에 대한 배반이다!

알라 이외의 신은 없다!

주섬

투둑

더구나 두 종교 모두 유일신을 믿지 않는가. 우상숭배는 금지라네!

그러한 분들이 지은 신전에 다신교의 우상을 두다니!

예언자 이브라힘은 유대교와 그리스도교에서도 중요한 분들일세!

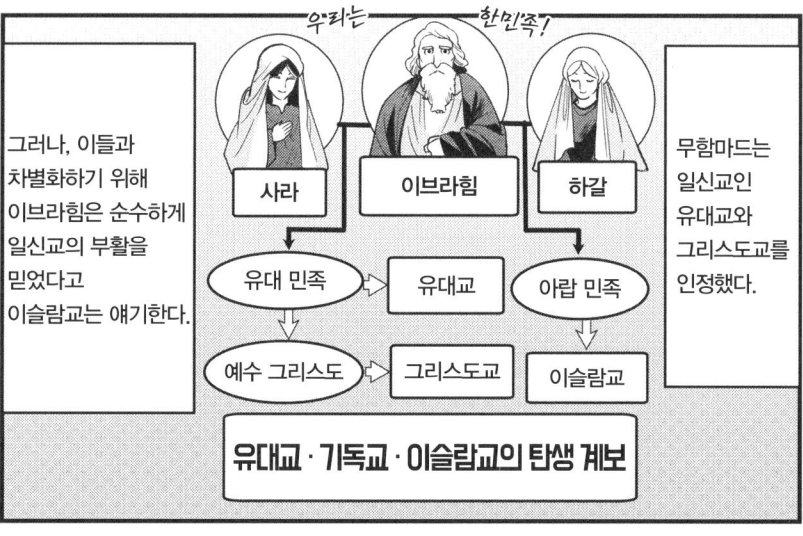

우리는 한민족!

사라 　이브라힘 　하갈

그러나, 이들과 차별화하기 위해 이브라힘은 순수하게 일신교의 부활을 믿었다고 이슬람교는 얘기한다.

무함마드는 일신교인 유대교와 그리스도교를 인정했다.

유대 민족 → 유대교

예수 그리스도 → 그리스도교

아랍 민족

이슬람교

유대교·기독교·이슬람교의 탄생 계보

그가 세웠다고 알려진 카바 역시, 당연히 이슬람교의 성지여야 한다고 생각한 것이다.

이브라힘은 이슬람교에서도 중요한 예언자이므로

소식
들었는가?

그
새로운
지도자
말인가?

한편,
메카를 차지한
무함마드의
명성과
이슬람교에 대한
소문은

순식간에
아라비아 반도
전역으로
퍼져나갔다.

웅성 웅성

병사가 훨씬
적었는데도
말이야!

심지어 천사의
도움을 받아
쿠라이시족을
단번에
이겼다 하더군!

그래!
무함마드라는
사람인데,
예언자인데다
전투에도
능한 모양이야.

이렇게 해서
이슬람교는
순조롭게
세력을
확장해
나갔다.

명성이
자자한 것을 보니,
따르는 편이
좋을 것 같군.

부족장님,
마을이 온통
무함마드
이야기로
떠들썩합니다.

좋아, 우리도
메디나로 가서
충성을 맹세하세.

아군이 늘어나 든든하다네.

무함마드 님께 충성하는 부족이 늘어나고 있군.

오늘날까지 이어지고 있다.

632년,
이미 60살을 훌쩍 넘긴 무함마드는
최후의 성지순례를 떠난다.
이슬람교의 순례 의무는 여기서 시작되었으며,

타와프
카바를 중심에 두고 시계 반대 방향으로
일곱 바퀴를 도는 의식.
이슬람의 순례 의식 중 하나

일생의 목표로 '카바 순례'를 꼽는다.

오늘날 에도 무슬림 들은

콰앙

웅성

웅성

설마…?

무함마드 님의 건강이 좋지 않아….

무함마드의 순례가 끝나고,

불길한 소리 말게!

큰일 났소!

무함마드 님께서!

무함마드는 632년에 세상을 떠났다.

이슬람교를 주창한

무함마드 님이 돌아가신 뒤로 신도들이 동요하고 있네.

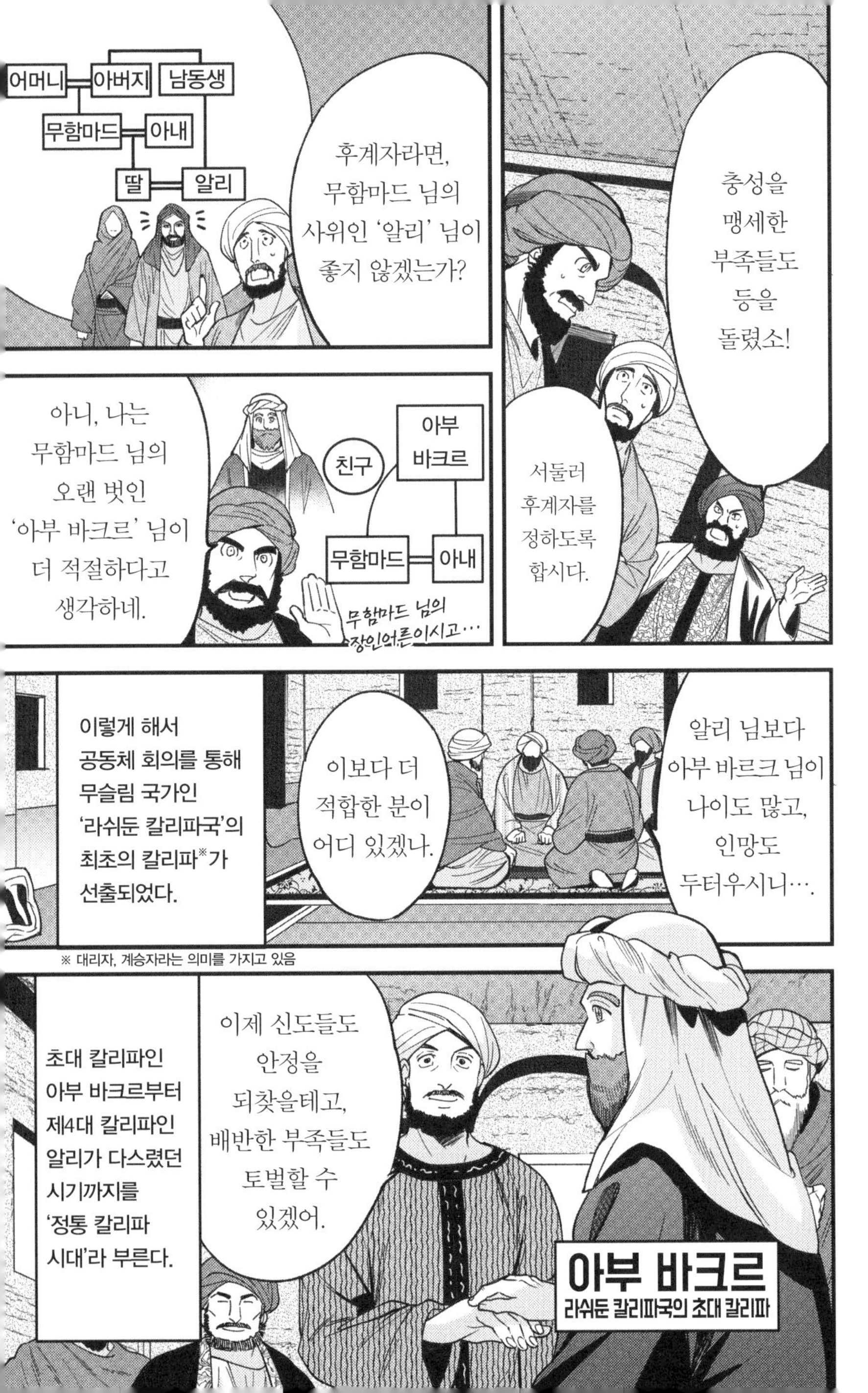

무함마드가 죽은 후, 제자들은 그에게서 들은 '신의 말씀'을

구두로 다음 세대에게 가르쳤다.

자네들에게 신의 가르침을 전하겠네!

네-에!

모스크

무함마드 님께 내려진 계시에 따르면 세상은 곧 멸망하고,

우리는 마지막 날에 알라께 재판을 받게 될 걸세.

종말론

신이 정한 규범에 따라 올바르게 살아가시게! 그래야만 활활 타는 불지옥이 아닌 낙원에 들어갈 수 있네.

무섭죠?

최후의 심판

↑
[의무] 해야 하는 것

[장려] 하는 편이 좋은 것

[허용] 상관 없는 것

[기피] 안 하는 편이 좋은 것

[금지] 하면 안 되는 것
↓

우선 이슬람의 가르침에서는 인간의 행위를 다섯 가지로 분류하고 있지.

넵!

허허

올바르게 사는 방법도 가르쳐 주십시오.

그, 그럼, '금지'된 행위를 하면 불지옥에 가는 겁니까?

그건 아닐세. 다만, 자신의 행위를 반성하고 '의무'와 '장려'의 행위를 거듭하면 낙원에 갈 수 있지!

× 금지　○ 의무

예를 들어, 예배는 '의무'지만, 술을 마시거나 돼지고기를 먹는 것은 '금지'라네.

큰일났어

이미 술은 마셨는데

마셨습니까?

알겠습니까?

예배를 드릴 때는 반드시 메카를 향해 기도하게.

메카는 저쪽 ←

그리고, 평생에 한 번, 메카 순례를 할 수 있다면 더욱 좋겠지.

이쪽이구나

우선 하루에 다섯 번씩 예배를 드리게. 가난한 자들에게 자비를 베풀고, 그들을 생각하며 '라마단' 기간에는 낮 동안 금식을 해야하네.

또한, 입으로 전해지던 무함마드의 하디스[2]는 9세기 이후, 책으로 만들어졌다.

신앙고백[1], 예배, 희사, 단식, 순례는 '5대 기둥' 이라 불리는 무슬림의 의무다.

이걸 드시게

꼬르륵

※1 '라 일라하 일랄라. 무함마드 라수룰라(알라 이외의 신은 없으며, 무함마드는 알라의 사도이다)'라는 구절을 암송하며 신앙심을 표현하는 것
※2 언행록. 어떤 사람의 말과 행실을 기록한 것을 의미함

이슬람교에는 코란과 하디스, 그리고 무슬림의 생활 지침서인 순나*가 있다.

무함마드가 받은 신의 계시를 기록한 책이 바로 『코란』이다.

※1 9세기 이후, 코란과 순나를 바탕으로 이슬람법인 '샤리아'의 체제가 구축됨

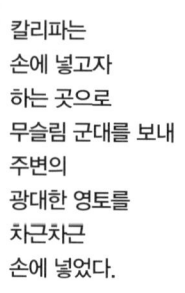

주변의 넓은 지역으로 진출하기 위함이었다.

칼리파는 손에 넣고자 하는 곳으로 무슬림 군대를 보내 주변의 광대한 영토를 차근차근 손에 넣었다.

우마르
라쉬둔 칼리파국의 제2대 칼리파

척

한편

콘스탄티노폴리스

동로마 제국

다마스쿠스

바그다드

예루살렘

알렉산드리아

메디나

메카

무함마드 시대의 영토

정통 칼리파 시대에 추가된 영토

자, 출동!

이를 통해 사산조 페르시아와 동로마 제국의 영토 일부를 손에 넣을 수 있었다.

예루살렘
도시가 무슬림 군대에 포위되었습니다!
성지가 위기에 빠졌거늘.
우왕 좌왕
동로마 제국의 지원군 소식은 아직인가? 제때 오지 않으면 항복하는 수밖에….
634년, 예루살렘이 항복했다.
제2대 칼리파인 우마르는 메카에서 멀리 떨어진 예루살렘까지 찾아와 그리스도교 신도들의 보호를 약속했다.
우마르
예루살렘 성지는 이슬람의 영토다! 허나, 그리스도교와 유대교 신도들의 예배 역시 허락하노라.
헉, 정말로요?!
이때부터 예루살렘에는 세 종교가 공존하게 된다.
예루살렘은 이슬람교에서도 성지인가?
코란에 따르면, 무함마드 님께서 승천한 곳이 예루살렘이라 적혀있네.
이슬람교의 주요 성지를 꼽자면 메카, 메디나 예루살렘일세.

신이 우리와 함께하신다!

우와아아

무슬림 군대는 로마군에 비해 병력이 열세했음에도 불구하고 압도적인 승리를 거뒀다.

636년, 야르무크에서 시리아 지배권을 두고 라쉬둔 칼리파국의 무슬림 군대와 동로마 제국군이 충돌했다.

다마스쿠스

야르무크

어쩌겠는가. 시리아를 포기하는 수밖에.

이라클리오스
동로마 제국 황제

그렇게 많은 병력을 보냈거늘….

송구스럽습니다. 폐하. 야르무크 전투에서 패배했습니다.

안티오키아
시리아의 도시

잘 있거라. 적에게 과분할 정도로 아름다운 시리아여.

전투의 결과로 동로마 제국은 시리아에서 철수한다.

하지만,
무슬림이 지배하는
영토가 넓어지면서
군사 제도 등
다양한 방면에서
변화가
필요해졌다.

흑해

동로마 제국

지중해

야르무크 ×

니하반드 ×

◎

예루살렘 ×

알렉산드리아 ●

메디나 ●

메카 ●

제패!

라쉬둔 칼리파국은
막강한 제국이었던
사산조 페르시아를
무찔러
광대한 영토를
얻었다.

또한,
칼리파의
권한이
강해지면서
그 지위를
둘러싼
분쟁이
일어났다.

영토가
넓은데,
정복지와의
소통은
어찌
하실
겁니까?

우씨···
우씨···

신입
병사들도
불만이
많더군.
봉급이
이모양이니
···

예전에는
전리품도
나눠주더니,
이제는 고작
봉급뿐이라고?

와아
와아

······.

오옷!
좋은
생각이
십니다!

우리
우마이야
가문 사람을
정복지
총독으로
임명하지!

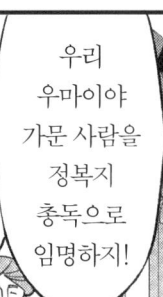

흠,
그렇
다면

우스만
라쉬둔 칼리파국의 제3대 칼리파

우스만이 정통 칼리파가 될 자격이 있느냐, 이 말일세.

애초에 무함마드 님을 끝까지 박해한 건 우마이야 가문 아니었나?

웅성 웅성

부들 부들

알라 앞에서는 모두가 평등하다는 이슬람의 가르침을 어기다니!

아무리 칼리파라도 자신의 가문만 편애하다니, 해도 해도 너무하는군!

마침내, 이러한 불만은 우스만을 향해 표출되었다.

656년

제3대 칼리파 우스만은 자택에서 암살당했다.

음?

무슨 일인가?

알리

차기 칼리파를 빨리 정해야 하네. 다들 불안한 모양이야.

이번에야말로 무함마드 님의 혈통을 이어 받은 '알리'님이 적임자야!

이 무슨 해괴 망측한 소린가?

칼리파 암살 이라니!

....

그럼 정해졌네!

여기도 찬성이오!

흠, 나는 찬성!

설마, 다 알리가 꾸민짓 아냐?

우스만 님의 복수는 염두에도 없구나 알리만. 좋은 일을 시켰군, 그래.

하지만, 권력을 가진 일부 무슬림들이 이 결정에 불복했고

결국, 알리는 제4대 칼리파 자리에 올랐다.

우리는 알리를 칼리파로 인정할 수 없다!

이들은 무함마드의 아내인 아이샤[1]를 내세워 반기를 들었다.

와아아아 아아

※1 무함마드는 첫 번째 부인인 카디자가 죽은 후, 아이샤와 결혼함

같은 무슬림이라 해도 용서할 수 없다!

와아 아아

반역자 주제에! 말이 많구나!

아이샤는 알리와 화해한 뒤 메디나로 돌아갔다. 그곳에서, 남편인 무함마드에 관한 이야기를 전하며 신자들의 어머니 역할을 했다.

수고했어

양쪽 모두 희생자를 낸 끝에 알리가 전투에서 승리했다.

아이샤는 낙타 등에 가마를 얹고 그 안에 앉아 싸웠다. 이와 같은 이유로 이 전투를 '낙타 전투'라 부른다.

와아 아아 아

나, 불렀어?

와
아아

더는 알리를 칼리파로 인정하지 않겠네!

우리는 알리의 군대에서 싸우지 않을 걸세!

무아위야와 협상이라니!

하지만 이에 반발하는 자들도 많았다.

중재는 오직 알라만이 할 수 있다!

이렇게 해서 이슬람교의 분파인 카와리지[*1]파가 생겨났다.

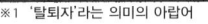
※1 '탈퇴자'라는 의미의 아랍어

661년, 알리는 쿠파[*2]의 대모스크에서 예배를 드리던 중 카와리지파의 생존자에 의해 암살당했다.

※2 이라크 중부 도시

그 후, 카와리지파는 대부분 토벌되었지만

으악!

칼리파 께서…!

우마이야 가문의 출신만이 칼리파 자리에 오를 수 있도록 세습 왕조를 채택했다.

또한

폭력과 전쟁보다는 법과 대화로 문제를 해결하자는 말씀이라네!

저게 무슨 뜻인가?

말로 충분한 일에 채찍을 들지 않을 걸세.

나는 채찍으로 충분한 일에 검을 들지 않고,

온화한 인품을 가진 사람이었다 전해진다.

무아위야 1세는 군주다운 위엄이 있으면서도,

알리 지지자들에게 우마이야 칼리파국은 그야말로 눈엣가시였다.

한편

감히 알리 님을 밀어내? 무아위야와 우마이야 왕가를 용서할 수 없소!

알리 님의 후손을 칼리파로 세워야 하거늘. 아직은 때가 아니야.

이라크 '쿠파'에 모여 우마이야 칼리파국에 반대하는 운동을 이어갔다.

이들은 알리가 죽은 후,

• 다마스쿠스
• 예루살렘 • 쿠파
• 메카

SHIA

훗날 '시아파'※라 불리는 이들은 알리처럼 무함마드의 피가 섞인 사람만 무슬림의 지도자인 '이맘'이 될 수 있다 믿었다.

※ 원래는 '알리를 따르는 사람들'이라는 의미로 '시아 알리'라 불렀음

무아위야 1세를 칼리파로 인정하지 않을 이유가 없군.

코란이나 하디스에 비춰 생각해 봐도

호ㅡ오

하지만 다른 무슬림들은 혈연과 상관없이 선출된 역대 칼리파의 정통성을 인정했다.

106

그렇다면 지금 메카에 계신 후세인 님을 추대합세.

하지만 알리 님의 장남인 하산 님은 이미 돌아가시지 않았나.

무함마드

딸

파티마 ─ 알리

차남   장남

후세인   하산

알리 가계도

야지드 1세에 맞서 싸워딜라?

또 쿠파의 무슬림들이 편지를 보냈군.

바스라

후세인
알리의 차남

메카

후세인 님은 무함마드 님의 손자가 아니십니까. 직접 가르침도 받으셨다 들었습니다.

부디 저희를 이끌어 주십시오.

저희는 지도자가 필요합니다.

그런가.

이렇게 거듭
부탁을 하니
거절할
수가 없군.

그대들의
지도자가 되어
야지드를
칼리파 자리에서
끌어내릴 것이다!

후세인은
시아파의
요청을
받아들여

일부 세력을
이끌고
쿠파로 향했다.

그러나
야지드 1세는
시아파와
후세인의
움직임을
알고 있었다.

이야호

쿠파에서
소식이 왔네!
우리를 기다리는
무슬림이
많다는군.

서두르게!

시아파가 쿠파에서
반란을
일으키는 일은
없어야 할 것이다!

알리의
지지자들이
후세인을
만났다니!

이런…!

이대로 끝인가.

카르발라에서 일어난 이 전투에서 후세인과 그의 세력들은 모두 전사했다. 이 사건이 바로 '카르발라 참극'이다.

그를 애도하는 이슬람 제례, '아슈라'는 오늘날 시아파의 중요한 축제로 자리매김했다.

후세인의 죽음은 시아파 신도들에게 종교, 사상, 역사의 상징이 되었다.

우리가 후세인 님을 사지로 내몬 것이나 다름 없어….

구해 드렸어야 했는데.

말도 안 돼!

프랑크 왕국

서고트 왕국

콘스탄티노폴리스

동로마 제국

다마스쿠스

지중해

예루살렘

메카

아라비아해

동쪽으로는 중앙 아시아와 북인도,

무슬림은 8세기 초, 우마이야 칼리파국 시기에도 영토 확장을 이어갔다.

가자!!

이 해협 너머에 게르만족의 나라가 있다!

두려움을 모르는 용감한 병사들이여!

서쪽으로는 북아프리카의 지중해 연안까지가 전부 무슬림의 영토였다.

타리크 이븐 지야드
우마이야 칼리파국의 장군

이슬람의 가르침을 널리 퍼뜨리세!

와아

아

아

아

우리들의 힘으로

서고트 왕국

서고트 왕국을 정복했다.

711년, 타리크 군대가 이끄는 무슬림 군대는 북아프리카와 이베리아 반도[※] 사이의 '지브롤터 해협'을 건너

※ 지금의 스페인과 포르투갈 지역에 해당함

'자발 타리크'에서 유래했다.

무슬림의 지중해 북쪽 진출이었다.

당시 무슬림 군대가 이곳을 점령하면서 해협에 있는 바위산에 '자발 타리크'라는 이름을 붙였는데, 이는 곧 '타리크가 점령한 산'이라는 의미다. 지브롤터 해협의 '지브롤터'라는 명칭 역시,

우마이야 칼리파국 다마스쿠스의 변두리

또한, 우마이야 칼리파국 시대에는 행정 제도가 자리 잡아 전국 각지에서 원활한 상거래가 이루어졌다.

가난한 사람에게 자비를 베푸는 것은 무슬림의 의무라네.

희사(喜捨)를 하는 중일세.

오랜만입니다! 거기서 무얼 하고 계십니까?

어라?

아하!

이러한 화폐 정책으로 인해 거래가 활발해졌고, 동시에 상업 역시 눈부신 발전을 이뤘다.

우마이야 칼리파국은 화폐로서의 가치가 높은 금과 은을 사용해 디나르와 디르함을 제작했다.

디나르(금화)

디르함(은화)

이건 다마스쿠스에서 만든 '디나르'라네.

보아하니, 비잔틴의 동전은 아니군요?

당연한 소리! 우마이야 칼리파국은 이슬람 국가이니!

어라? 이 금화,

코란의 말씀이 새겨져 있군요.

이곳도 군영도시로 지정되었다네. 무슬림 군대 덕분에 도시가 빠르게 발전하고 있어!

자체적으로 화폐를 만들 줄이야.

우마이야 칼리파국도 대단합니다!

확실히 그렇군요.

군영도시의 구조

사람과 돈, 물건이 모이니 도시가 성장하는 건 당연한 일 아니겠나.

무슬림 병사가 군영도시에 가족들을 데리고 이주하면,

자연스럽게 그들을 상대로 장사하는 상인들도 찾아오기 마련이지!

그렇 군요!

Grow Up!

그런데 자네, 이 금화에 새겨진 글자가 코란의 말씀이라는 걸 어떻게 알았는가?

아, 실은.

최근에 아랍어 공부를 시작했습니다!

우마이야 칼리파국은 정복한 도시의 공문서도 아랍어로 쓰게 하니,

그렇군!

출세하고 싶다면 아랍어를 배울 필요가 있지.

그리스어와 페르시아어 등을 사용했던 관리

따라서, 관리들 역시 아랍어를 사용할 수 있어야 했다.

살아 남으려면 아랍어는 필수야!

지금까지는 그리스어를 공부했지만,

이에 더불어 우마이야 칼리파국은 행정용어도 아랍어로 통일해 정복지의 원활한 통치에 힘썼다.

코란의 기록문자는 아랍어이며, 이와 같은 이유로 무슬림은 아랍어를 사용하게 되었다.

아랍어는 우마이야 칼리파국이 다스리는 모든 지역에서 출신지와 민족에 상관없이 대화를 나눌 수 있는 공용어가 될 걸세.

그렇고 말고.

어이쿠.

알라후 아크 바르(신은 위대하시다)

결국, 아랍어를 알아야 관리가 될 수 있다는 뜻이군요?

그래서 다들 아랍어를 열심히 공부하나 봅니다!

하루에 다섯 번이나 들으니 완전히 익숙해졌어요.

'아잔'※ 이군요.

자, 기도 드리세

알라 만이 유일한 신이시다

알라후 아코 바르

※ 이슬람교에서 '예배 시간'을 알리는 소리

무슬림 군대는 지중해부터 중앙아시아에 이르는 넓은 영토를 지배하게 되었다. 이는 거대한 사회 구조 변화의 시작이었다.

이슬람교가 탄생한 지 1세기도 채 안 되는 시간 동안

모스크로 가야겠어.

벌써 예배 시간인가.

아랍인들은 아라비아 반도에서 벗어나

세계 각지에서 현지 사람들과 협력하며 새로운 사회를 구축해 나갔다.

저는 이만 가보겠습니다!

뭐?

주님을 향한 사랑과 믿음은 쉽게 저버릴 수 있는 게 아니지요.

예배 시간인데도 모스크에 가지 않는다니.

자네, 아직도 그리스도교를 믿는 건가?

하지만, 개종하면 인두세를 내지 않아도 되는데 말이야.

알라께서는 항상 자네를 기다리고 계시네.

하하, 말씀만으로도 감사합니다!

서로에게 신의 가호가 있기를!

이슬람교의 가르침은 영토 확장, 교역과 포교 등을 통해 유라시아와 아프리카로 확산되었다.

그렇게 이슬람교는 세계적인 종교 반열에 오른다.

이러한 세계는
중앙 유라시아라
불리며,
서쪽의 헝가리
평원부터
동쪽의
동북아시아에
이르는
내륙 지역을
의미한다.

남쪽에는
사막과 같은
기후가 건조한
땅이 대부분이다.

유라시아 대륙의
북쪽에는
초원이 넓게
펼쳐져 있고,

제
③
장
육지와 바다를 연결하는 실크로드

그곳의
사람들은
오아시스가
있는
사막을 걷고,

때로는 초원을
거침없이
가로지르며
교역을 했다.

'카라반'이라 불리는 사람들은 오아시스가 있는 사막과 건조 지대를 무리 지어 이동했다. 이들이 운반하는 물건은 주로 중계무역에 사용되는 것이었다.

사막의 정착민들은 오아시스를 중심으로 마을을 이루었으며 농사를 짓기도 했다.

고산지대의 만년설이 녹아 내리거나 지하수가 땅을 뚫고 올라올 때 생겨난다.

오아시스는 사막에서 희귀하게 볼 수 있는 녹지와 호수 지역을 뜻하는 것으로,

오아시스

강

사막

오아시스

지하수

오아시스

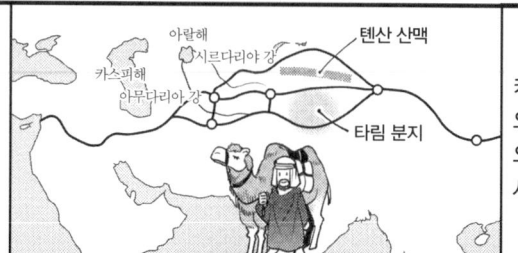

'사막길' 이라고 한다.

아랄해

시르다리야 강

텐산 산맥

카스피해

아무다리야 강

타림 분지

카라반 무리가 오아시스 사이를 오갈 때 사용하던 길을

또, 유목민은 장사의 파트너이니, 잊지 말라구.

계절에 따라 물이 마를 때도 있으니, 길을 잘 기억해 두도록.

잘 들어라, 사막에서 신입! 마실 물을 구하기란 하늘의 별따기!

122

유목민이요?

한편, 북쪽에는 드넓은 초원이 있었다. 유목민들은 주로 이 '초원길'을 이용했다.

어릴 때부터 말을 타고 활을 쏘기 때문에 훌륭한 기마전사들이 많아.

계절에 따라 말을 타고 이동하면서 가축을 기르는 자들이라네.

남러시아 초원　카자흐 고원　알타이 산맥　준가르 분지　몽골 고원
텐산 산맥　고비 사막
황허 강
양쯔 강

초원길

그래서 가끔은 다투기도 하지만 서로 협력해서 살고 있는 거지.

양쪽 모두 행동 반경이 넓으니 자주 마주치게 된다네.

우리 같은 오아시스 정착민은 이따금 유목민에게 선물을 보내거나 세금을 낸다네! 그러면 그들은 외부의 위협으로부터 우리를 보호해 주지!

포도주

후추

우리가 바로 전 세계의 무역을 연결하는 주인공이라니!

고급 모피

당당

아무튼, 우리 덕분에 이런 보물들도 유통될 수 있는 거지!

하루라도 빨리 이 향신료를 팔고 싶었는데, 다행이지 뭔가!

지금은 바람이 많이 부는 계절이라 서쪽에 더 빨리 도착할 걸세!

와글

와글

이런 교역로가 내륙에만 있던 것은 아니었다.

바닷길

이 길을 이용해 인도, 아랍, 페르시아, 그리스인들이 배를 타고 교역에 나섰다.

영국

알렉산드리아

아라비아해

인도양

벵골 만

동중국해

남중국해

실크로드 중에는 동중국해, 남중국해, 인도양을 지나 서아시아와 로마에 이르는 '바닷길'도 있었다.

훗날, 로마 제국 화폐가 인도양 연안에서 출토되었는데, 이를 통해 옛날부터 바다를 이용한 교역이 활발했음을 짐작해볼 수 있다.

이 시기, 중국에서 생산된 실과 비단이 인도양 각지에서 거래되었다.

어디보자.
이제 슬슬
사마르칸트※의
발자크에게
편지를
써야겠군.

이란계 민족인
소그드인은
유라시아 내륙의
실크로드 교역을
이끌었다.

※상인 민족인 소그드인의 중심지. 지금은 우즈베키스탄 영토

또한,
소그드인은
오아시스 근처나
중국 각지에
마을을 이룬 뒤,
직접 가게를 열어
운영하기도 했다.

이곳
상황부터
설명하자.

나나이 반다크
소그드인 상인

'진(晉)의
마지막
황제가
수도인
낙양에서
도망쳤고'

실크로드의 거점 중
상인들에게
가장 중요한 지역은
중국이었다.
사람과 상품이 넘쳐났고
많은 돈이 오가는
장소였기 때문이다.

'장안(長安) 등도
지금까지 황제를
따르고 있던
『훈족』의 손에
들어가
버렸습니다.'

'훈족'은 몽골 고원의 유목민인 흉노(匈奴)를 가리키는데, 후한(後漢)시대부터 그들의 일부가 화북(華北)*으로 이주해 살고 있었다.

*중국 북부의 통칭. '황허 강' 중하류 지역.

이들은 후한의 황실을 섬기는 군인으로 살아가고 있었지만, 점차 세력을 키우며 각지에서 봉기했다.

311년, 진(晉) 황제가 흉노와의 전란 중에 포로로 잡히고 만다.

진을 멸망으로 몰아넣은 이 사건을 '영가의 난'이라고 부른다.

일을 해야만 먹고 살 수 있다!

불안정한 상황이지만

소그드인들은 전란을 비롯한 나라의 큰 사건과 장사에 필요한 정보를 편지에 써서 서로 주고 받았다.

'또, 얼마 전에 사향(향료) 서른두 개를 발송했습니다.'

'그리고 혹시 장사를 위한 자금이 필요하시다면, 제가 맡겨놓은 돈을 사용하십시오.'

'물건이 도착하면 여러분들끼리 나눠 가지시면 됩니다.'

수컷 한 마리당 겨우 수십 그램 정도만 얻을 수 있는 귀중품으로, 예로부터 귀한 약재로 취급받았다.

사향은 사향노루 수컷의 분비액에서 얻을 수 있는 향료다.

소그드인들은 전란을 겪으면서도 카라반을 통해 서로 정보를 주고 받았고, 각지에 있는 자신들의 지점을 통해 본국인 사마르칸트로 비싼 물건을 보낼 수 있었다.

멀리 떨어져 있지만 편지를 보낼 수 있어서 다행이야!

본국에는 나 대신 집을 지키는 가족들도 있고, 교역 자금을 대주고 관리해 주는 동료들도 있지!

당시 소그드인들의 활발했던 상업 활동과 중국의 상황을 엿볼 수 있는 귀중한 자료다.

이렇게 소그드인들이 남긴 편지는

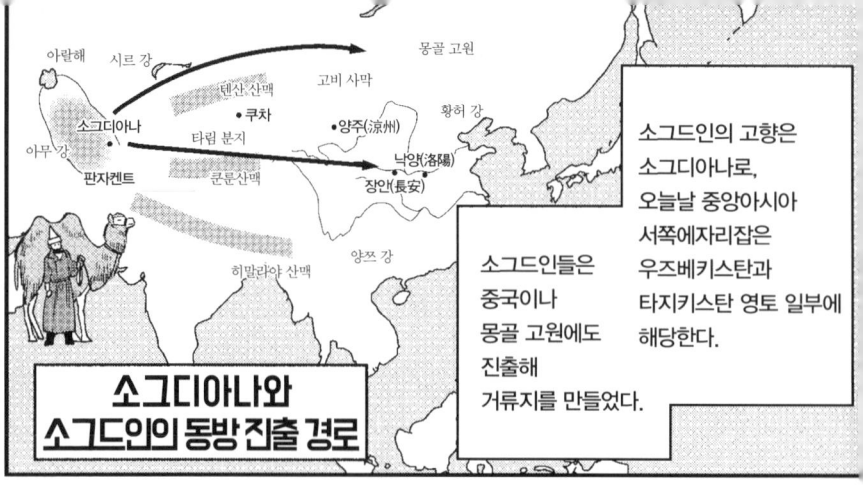

소그드인의 고향은 소그디아나로, 오늘날 중앙아시아 서쪽에 자리잡은 우즈베키스탄과 타지키스탄 영토 일부에 해당한다.

소그드인들은 중국이나 몽골 고원에도 진출해 거류지를 만들었다.

소그디아나와 소그드인의 동방 진출 경로

소그디아나에는 사마르칸트를 비롯한 많은 도시가 있었고, 이 도시들은 기원전부터 동서교역의 요충지로 손꼽혔다.

후세의 중국 역사서는 소그드인에 대해 이렇게 전하고 있다.

사람들은 모두 눈매가 깊고 콧대가 높으며, 수염을 기르고 있다.

술을 좋아하고, 길에서 가무를 즐기는 자들도 많다.

목숨이라도 부지한 것이 어딘가…

물건을 몽땅 빼앗겼어!

망했다!

두두두

당시 비단은 중국에서만 구할 수 있는 귀중품이었다.

그렇겠지. 중국산 비단은 온 세상 모든 부자들이 탐내는 물건이니!

저놈들, 비단을 보더니 눈빛이 변하더군요.

받으지오

받으지오

받으지오

이란

중국

받으지오

아하!

거래 방법이 다양하거든!

받으지오

땡큐

로마

유목민

유목 국가는 이렇게 얻은 비단을 이란, 이집트, 로마로 수출했다.

예로부터 중국은 비단을 유목 국가에 선물하거나 말과 교환하기도 했으며,

그건 아닐세.

그러면 서역에 있는 비단은 모두 중국에 돈을 주고 사들인 것입니까?

오늘처럼 도적의 습격을 받거나, 전란이 일어나서 장사를 접어야 했던 날도 많았지….

우린 고급품만 취급하다 보니 늘 위험에 노출되어 있다네!

하지만, 교역은 위험을 감수할 정도로 매력적이라고요!

곤욕을 치르더라도 일단 살아만 있으면 성공할 기회는 얼마든지 있다는 소리야.

그게 바로 장사의 장점 아니겠어?

후후훗♪

그렇지! 어찌 눈앞의 수익을 두고 볼 수 있겠는가! 중국과 유목민 사이의 교역은 돈이 된다네!

뼛속까지 장사꾼 이시군요.

예ー!!

돈 벌러 가자고!

자, 어서 남은 짐을 정리해!

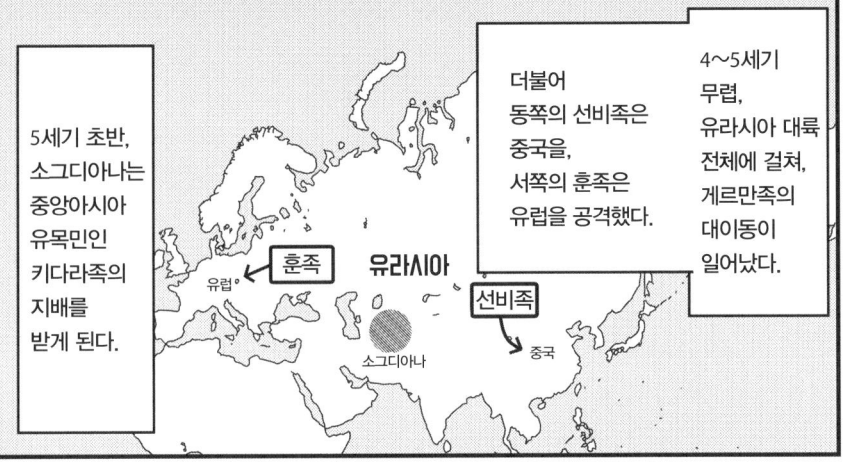

5세기 초반, 소그디아나는 중앙아시아 유목민인 키다라족의 지배를 받게 된다.

더불어 동쪽의 선비족은 중국을, 서쪽의 훈족은 유럽을 공격했다.

4~5세기 무렵, 유라시아 대륙 전체에 걸쳐, 게르만족의 대이동이 일어났다.

훈족

유라시아

유럽

선비족

소그디아나

중국

6세기 초, 소그디아나를 비롯한 중앙아시아 영토가 에프탈의 손에 들어간다.

소그디아나   에프탈

알겠어

아, 이번에는 우리 영토라구

5세기 후반에는 에프탈이라는 유목민이 새롭게 등장해 세력을 키웠으며,

이쪽도 문제없다네.

중국과는 교역이 활발하더라고! 많은 소그드인들은 아예 화북지역으로 이주했어!

뭐, 에프탈의 넓은 영토를 자유롭게 통행할 수 있고, 국경 분쟁도 사라지니 오히려 잘 됐군.

본국의 지배자가 또 바뀌었나 보군.

오늘도 물건을 팔아볼 까나~

장사   제일

하지만. 그 후

돌궐

에프탈

사산조 페르시아

미얀
하구만

그러나 6세기 후반,
튀르키예계 유목민인
'돌궐'[1]은
사산조 페르시아와
손을 잡고
에프탈을 멸망시킨다.

꺄――악

※1 6세기 중반에 유라시아 초원지대를 장악해 대제국을 이룬 민족. 583년, 돌궐이 동서로 분열하면서 소그디아나는 서돌궐의 지배를 받게 됨

?

수고~

우린 장사를
계속할 뿐이야.

뭐, 누가
지배하든

따라서
소그드인도
서돌궐의
지배를
받게 된다.

대체 무슨
꿍꿍이지?

페르
시아
놈들…!

568년

이스테미 카간
서돌궐의 카간[2]

※2 북·중앙아시아의 유목민 군주를 가리키는 칭호

퀴져!!

두둑

소그드 상인
장사 금지

에엥?!

당시
사산조 페르시아의
샤한샤였던
호스로 1세는
서돌궐 치하의
소그드 상인이
자국 영토 내에서
비단을
판매하지 못하도록
쫓아냈다.

콰직

저번엔
우리
사신단이
들고 간
비단을
불태우더니!

이번엔
독살이
웬
말이냐!

✧

들어보시겠
습니까?

제게
좋은
생각이
있는데,

비단 무역을
독점하려고
합니다!

지금
페르시아의
샤한샤는

폐하.

욱

ニ

그래?

마니악
소그드인 상인

135

이 기회에 동로마 제국과 우호 관계를 맺고 직접 무역을 한다면

동로마

돌궐

페르시아

비단을 제일 많이 사는 나라 중 하나가 바로 동로마 제국 입니다!

또한, 페르시아를 압박하는 가장 좋은 방법이기도 하지요.

더 많은 이익을 얻으실 수 있습니다.

흠...

과연.

예, 폐하.

이렇게 해서

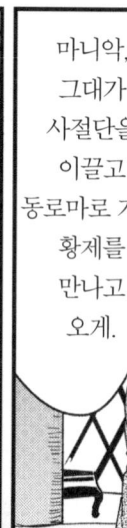

마니악, 그대가 사절단을 이끌고 동로마로 가서 황제를 만나고 오게.

척

좋다. 동로마 제국과 손을 잡도록 하지.

동로마
제국의 수도,
콘스탄티노
폴리스로
길을 나섰다.

콘스탄티노폴리스

돌궐

사산조
페르시아

동로마 제국

마니악은
선물로 줄
비단과
카간의 편지를
가지고

귀한 비단도
가지고
왔사옵니다.

저희
폐하께서
전하라
명하신
편지
입니다.

흐음.

콘스탄티노폴리스

같은 길로
유목민인
서돌궐의 사자가
찾아올 줄이야.

과거에는
훈족이 그 길로
우리 동로마
제국에 찾아와
쑥대밭을
만들었었지.

유스티누스 2세
동로마 황제

그러니 이제는 짐이 그대들과 손을 잡겠네. 함께 동쪽 페르시아를 무찌르세.

내 삼촌이자 선황이신 '유스티니아누스 1세'는 지중해 서쪽 정복에 성공했었지.

마니악는 동로마 제국의 사절단과 함께 서돌궐로 돌아왔다.

제마르코스 장군, 그대가 가서 답례 사절단에 서돌궐의 앞장서게. 카간에게 예의를 갖춰 인사하고 오게.

예.

참으로 화려 하군요!

이곳이 바로 서돌궐의 이동식 궁전 입니다.

저희 폐하 께서도

그 말씀을 들으시면 분명 기뻐하실 겁니다.

우리나라 궁전 못지않군.

이렇게나 큰 힘을 가진 나라였다니…. 적으로 만나면 큰일나겠어!

부디 서돌궐과 좋은 관계를 유지하고 싶소.

서돌궐과 동로마 제국의 동맹 관계가 이어진다. 함께 사산조 페르시아를 공격했으며, 사절단과 카라반이 서로 왕래하게 된다.

이때부터 10년 동안

소그드어와 소그드 문자는 외교와 무역에서 국제적으로 사용되었다.

이처럼 소그드인은 단순 상인이 아니라 외교 사절단이나 왕의 고문 역할을 하며 서돌궐에서 활약했다.

교역을 하려면
여러 나라의 언어는
필수 아니겠습니까!

언제 그렇게
여러 나라의 말과
문자를 배웠느냐.
소그드인은
참 대단하구나.

오늘날의
고궁 박물원인
베이징의
자금성에는
한자와
만주 문자가
병기되어 있다.

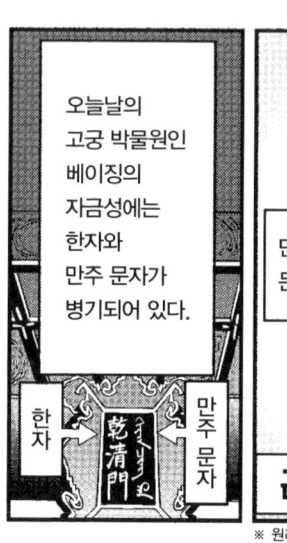

한자

만주 문자

소그드 문자

카간

만주
문자

몽골
문자

위구르
문자

칸

카안

카간

또한
13세기에는
위구르 문자를
바탕으로
몽골 문자가,
16세기 말에는
몽골 문자를
바탕으로
만주 문자가
만들어졌다.

훗날,
서돌궐 영토에
들어서는
위구르의
문자도
소그드 문자※에
기반해
만들어졌다.

군주를 가리키는 칭호(카간·카안·칸)

※ 원래 소그드문자는 가로쓰기였으나, 시간이 흐르며 세로쓰기로 변함

로마

사마르칸트

장안(長安)

조로아스터교

방직 기술

한편 무역 상품뿐 아니라
다양한 문화 또한 실크로드를
지나는 사람들을 통해
유라시아 각지에 전해졌다.

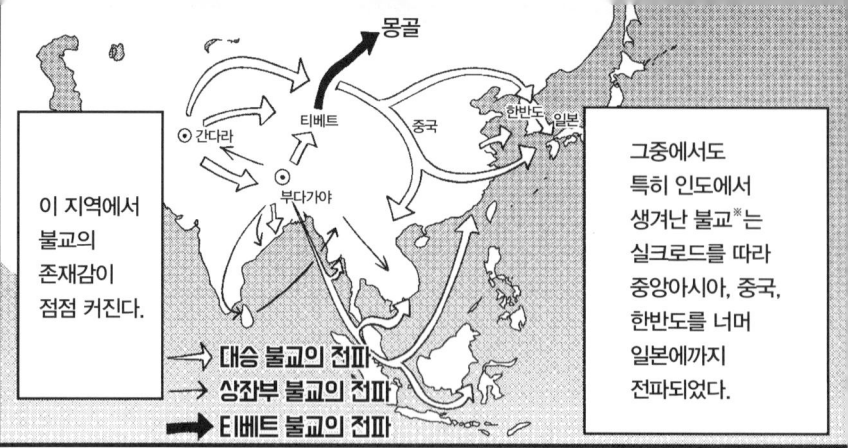

이 지역에서 불교의 존재감이 점점 커진다.

그중에서도 특히 인도에서 생겨난 불교*는 실크로드를 따라 중앙아시아, 중국, 한반도를 너머 일본에까지 전파되었다.

→ 대승 불교의 전파
→ 상좌부 불교의 전파
➡ 티베트 불교의 전파

※ 중국에 불교가 전해진 것은 1세기였지만, 확산된 것은 4세기 후반

4세기 후반 전진(前秦)의 수도, 장안(長安)

폐하, 나라의 앞날을 점쳤더니 이국땅에 별이 보였습니다.

100여 년에 걸쳐 여러 나라가 생기고 사라지기를 반복했다. 5호 16국이라 부르는 불안정한 전란의 시대였다.

4~5세기

중국 화북에서는 여러 유목민족을 중심으로

위대한 덕과 지혜라.

부견
전진의 황제

'위대한 덕과 지혜를 가진 자가 전진을 도울 것'이라는 의미로 해석되옵니다.

서역 국가는 물론, 중국에도 그들의 명성이 전해졌다.

서역의 오아시스 국가는 중국보다 먼저 불교가 정착해 덕을 갖춘 승려가 많았다.

이름이 '쿠마라지바' 라지. 혹시 그를 말하는 것이 아닌가 싶다.

그러고 보니 서역에 지혜로운 고승이 있다고 들었다.

쿠마라지바는 실크로드에 있는 오아시스 국가, '쿠차' 출신의 고승이다.

이후, 쿠마라지바는 쿠차로 귀국한 뒤 경전을 해설하는 데 힘썼다.

어릴 적 출가해 카슈미르에서 유학했고, 불교 공부에 공을 들였다.

그는 인도 귀족 아버지와 쿠차 왕족 어머니 사이에서 태어났다.

그대를 데려오라는 황명을 받드는 중이오.

허니, 나와 함께 하시지요.

드디어 귀승을 찾았구려.

이게 무슨 짓 이냐!

알겠네.

이게 대체 어찌된 일인가.

이렇게 된 이상 어쩔 수 없지.

그러나 전진은 곧, 다른 전투에서 패하고, 부견 역시 사망한다.

이렇게 해서 쿠차는 여광의 병력에 의해 멸망했고, 쿠마라지바 또한 전진의 포로가 되었다.

여전히 명성이 높았던 쿠마라지바는 후진의 국사로 추대되어 많은 경전을 한역[2] 했다.

그가 번역한 대승불전인 『법화경』과 『아미타경』은 훗날, 한자 문화권인 동아시아 지역 전체에 영향을 미쳤다.

잘 오셨소!

부디 이 나라의 국사[1]가 되어 부처님의 가르침을 알려 주시오!

요흥
후진의 황제

※1 승려에게 내릴 수 있는 최고의 법계
※2 다른 나라 말을 한문으로 번역하는 것과 번역한 한문을 일컬음

폐하와 같은 유목민 중에 불교 신자가 많은 듯하 군요.

그렇소. 서쪽에서 전해진 부처님의 가르침은 유목민 사이에서 인기가 많다오.

하지만 요즘은 유목민이 아닌 불교신자도 많아지는 것 같구려.

다들 오랜 전란에 지쳐 부처님의 구원을 바라는 것이겠지.

4세기 이후,
쿠마라지바처럼
인도나
중앙아시아에서 온
승려들이 중국에
불교를 널리 알렸다.

부처님의
가르침에는
국경이 없지요.
모두 행복한
세상이 오면
좋겠군요.

법현의 여정
(399~412)

중앙아시아

중국

인도

법현

여행에서
경험한 것을 기록해
『불국기』를 썼지.

또한,
동진(東晉)의
'법현'처럼
아직 자국에
전해지지 않은
경전을 얻으러
인도와
중앙아시아로
떠난 승려도
있었다.

대표적으로는
막고굴※1과
바미안
석불※2이
있다.

실크로드
교역으로
풍족해진
왕족, 귀족,
거상들이
거대 불상과
호화로운 벽화를
기부하기도 했다.

실크로드를
중심으로
바위산을
깎아 만든
석굴사원이
지어졌고,

※1 유네스코세계문화유산으로 지정된 불교유적석굴사원
※2 2001년에 탈레반에 의해 파괴됨

문성제
북위 황제

비록 선황제는 불교를 금지했지만

짐은 부처님의 가르침을 널리 알리고자 한다.

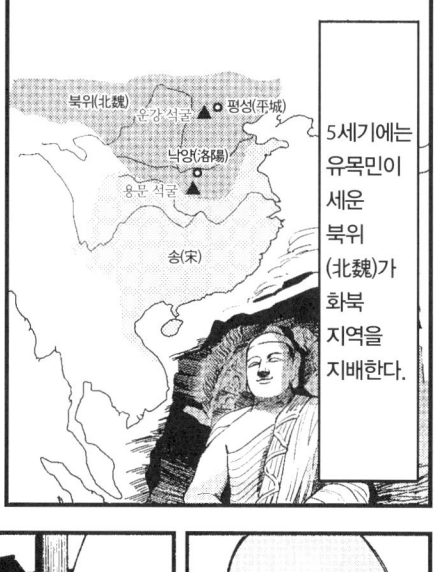

5세기에는 유목민이 세운 북위(北魏)가 화북 지역을 지배한다.

북위(北魏)
운강 석굴 ▲ ○ 평성(平城)
낙양(洛陽)
용문 석굴 ▲
송(宋)

선황제셨던 태무제는 대규모 폐불※3을 행하셨지.

만일 또 그런 일이 생긴다 해도, 석불은 쉽게 부술 수 없을 것이다.

북위는 불교를 보호하며 평성 근처에는 운강 석굴을, 낙양에는 용문 석굴을 파고 그 안에 거대한 불상을 만들었다.

좋은 생각이로다!

당장 시작 하게!

수도 근처에도 석불과 대불을 제작해 보시지요.

담요
승려

제가 머물던 북량(北涼)은 불교가 번성해 바위산에 석굴이나 대불을 만들고는 했지요.

※3 불교를 배척하는 것

유교 및 도교와 융화되면서 중국 사회에 깊게 뿌리내렸다.

서역에서 전파된 불교는 배척당할 때도 있었지만.

황제 폐하의 보호 아래에서 부처님의 가르침을 오래 이어가고 싶습니다.

장안
당의 수도

당에 전해지지 않은 경전을 찾아야 하오! 천축※1 으로 떠납시다.

7세기 초 당(唐)이 중국을 통일했을 무렵, 불교 경전에 깊이 빠져든 승려가 있었다.

※1 인도

으음...

일찍이 법현 스님과 지엄 스님※2도 천축에서 새로운 경전을 가져오시지 않았습니까.

지금의 경전만으로는 한계가 있습니다.

부처님의 가르침을 이해하려면

하지만 당은 다른 나라 여행을 법으로 금지하고 있소.

※2 경전을 번역한 동진(東晉)의 승려

현장
승려
부처님을 향한 우리의 뜻을 폐하께 전하는 것이 어떻겠소. 천축 여행을 허가해 주실지도 모르오.
계속 고민만 해서는 답이 없습니다.
나라가 세워진 지 얼마 되지 않아 먼 국경까지 신경 쓸 여력이 없으니….
돌궐과의 전쟁 때문에 국경 부근은 늘 위험하다오.
그뿐만이 아니오.
하지만!
왁자지껄
조용!
포기란 없소!
반드시 천축으로 가겠소!
팟
하지만, 현장과 승려들의 요청에도 불구하고 '국외 여행은 인정할 수 없다'는 조칙이 내려졌다.
그럼 그렇지.

마침내 현장은 국법을 어기고 머나먼 천축으로 떠났다.

현장의 여행 경로

아랄해
사마르칸트
고창(高昌)
둔황(敦煌)
황허 강
장안(長安)
나란다
카마루파
양쯔 강

629년

말씀은 감사하오나, 소승은 경전을 찾아 천축으로 가는 중입니다.

부디 출발을 허락해 주시옵소서.

부디 이곳에 머물며 부처님의 가르침을 알려 주시오!

이렇게 훌륭하신 스님께서 우리 나라에 오시다니!

국문태
고창국의 왕

고창국
실크로드의 오아시스 국가

설마 단식 투쟁인게냐…

어쩔 수 없지. 여비와 필요한 물품을 주고 국경을 넘게 하라.

스님께서 아무것도 드시지 않습니다.

그럼에도 고창왕은 현장이 떠나지 못하도록 붙잡았다.

천축에서 돌아오시는 길에 고창에 들르시오. 내 꼭 부처님의 가르침을 들어야 하겠소.

여부가 있겠습니까.

훗날 현장은 이 약속을 잊지 않고 고창국에 찾아갔지만 이미 당에 손에 멸망한 뒤였고, 국문태도 이미 이 세상에 없는 사람이었다.

또한, 국문태는 실크로드의 실세였던 서돌궐 카간에게 편지를 보내 현장의 안전을 당부했다.

서돌궐의 카간 역시 현장에게 부처의 가르침을 전해달라 요청했다.

하지만, 이 또한 수행입니다.

이미, 고난은 각오했습니다.

그러니 시원한 서돌궐에 머무는 것이 어떻소!

하하, 배려에 감사드립니다, 폐하.

천축? 그곳은 무척이나 더워서 큰 병에 걸리는 사람도 많다 하오.

서돌궐의 카간

현장 일행의
다음 목적지는
소그디아나의
오아시스
마을이었다.

이 말을 들은
서돌궐의 카간은
현장에게
통역사를 붙여주고,
앞으로
여행할 나라들에
서신을 보냈다.

사찰이
있으나,
불교를
믿는 것
같진 않구나.

농민과
상인의 수가
비슷하다니.
소그드인의
장사 수완이
뛰어난
이유가 있었어.

메
모
하
자

소그디아나
사람들은
재물을
최고로
여기는군.

현장은 겨우
천축에
도착했다.

긴 여정
끝에

천축
이다.

드디어
천축에
도착했어!

또한,
당시
북인도의
하르샤 왕을
알현하기도
했다.

현장은 곧바로
천축 각지를 돌며
수행에 애썼고,
불교 경전을
모았다.

낙양에 있는
황제에게 찾아가
서역과
천축 여행
이야기를
들려줬다.

645년, 현장은
그동안 모은
경전을 가지고
당으로 돌아왔다.

그건
그렇고,

짐이 준비하는
고구려 원정에
그대도 동행
했으면 하네.

송구
하옵니다.

경전을 가지고
돌아온
그대의 공이
참으로 높구나.

법을 어기고
외국에
나간 죄는
묻지 않겠네.

참으로
값진
여행
이었군.

태종
당 황제

부처님의 가르침은 구제가 필요한 사람들에게 전해져야 비로소 의미가 생기기 때문이옵니다.

저는 경전을 번역해 사람들에게 널리 알리겠나이다.

현장은 힘들었던 천축 여행기를 『대당서역기』로 엮어 발표한다. 이는 훗날 『서유기』*¹의 모티프가 된다.

사오정

삼장 법사

손오공

저팔계

현장은 태종의 허가를 받아 자신이 가지고 돌아온 경전을 죽는 날까지 한문으로 번역했다.

※1 현장의 천축 여행을 소재로 쓴 중국의 고전 소설로 16세기 후반, 명(明) 시대에 완성됨. 우리나라에는 고려 말에 알려져 널리 읽힘

'조로아스터교'는 주로 중국으로 넘어온 소그드인이 믿던 종교였으며, 현교(祆敎)라 불렸다.

한편, 그 무렵 당에는 불교와 더불어 새로운 종교들이 자리를 잡고 있었다.

시안(西安)에서 출토된 소그드인 묘 부조

페르시아에서 발원한 마니교도 마찬가지였다. 조로아스터교와 그리스도교가 합쳐진 형태의 마니교는 양쯔 강 하류 지역의 사람들이 오랫동안 믿었다.

현존하는 마니교의 사원과 석상

대진경교유행중국비

사산조 페르시아를 통해 당에 전해졌고, 경교(景敎)라 불렸다.

또한, 동로마 제국의 '에페수스 공의회'에서 이단으로 규정된 '네스토리우스파'[2]는

※2 그리스도교의 일파

의정
당의 승려

나도 위대한 스님들처럼 천축에 가서 경전을 구해올 거야!

7세기 후반에 '의정'이 경전을 구하기 위해 천축에 갈 때도 육로가 아닌 해로를 이용했다.

중국

인도

장안(長安)

건강(建康)[3]

바닷길

5세기 초, 동진의 법현이 천축에서 돌아올 때 이 해로를 이용[4]했으며,

이 종교들은 육로뿐 아니라 바다 위 실크로드인 '바닷길'의 남쪽 해로로도 전파되었다.

※3 난징의 옛 명칭
※4 천축에 갈 때는 육로를 이용함

활발한 무역 덕분에 이 항구 도시들에는 아랍인, 페르시아인 소그드인과 같은 상인이 정착했다.

양주
(揚州)

천주
(泉州)

광주
(廣州)

중국 남부 도시인 광주와 천주, 중부 도시인 양주에는 남중국해에서 온 무역선이 많았다.

안전한 항해를 위해 알라께 기도합시다.

그 무렵 마침내, 이슬람교를 믿는 사람들이 생겨난다.

동로마

당

메디나

메카

사산조 페르시아를 멸망시킨 뒤 중앙 아시아를 압박했다.

무슬림 국가인 우마이야 칼리파국은 동로마 제국을 쇠락 시켰으며,

7세기, 아라비아 반도에서 발원한 이슬람교는 순식간에 많은 세력을 얻었다.

항복만이
답인가….
분하도다!

조로아스터교를 믿던
소그디아나의 도시들도
무슬림 군대라는
벽 앞에서
줄지어 항복했다.

데바슈티치
판자켄트의 통치자

점차
'소그드인'의
정체성을
잃어간다.

이때부터
소그드인은
이슬람교를
믿게 되었고

8세기 중반,
아바스
칼리파국이
소그디아나를
지배하게 된다.

이슬람 상인을 뜻하는
'타지르'로 변화하며
실크로드에서의
명맥을
이어가게 된다.

하지만
유라시아
대륙을 누비며
교역을 하던
소그드인의
전통은

보리선나
님
덕분이오.
고맙소.

대불 님께서
무사히
눈을
뜨셨구려.

쇼무
나라 시대의 상황

고켄
나라 시대의 천황

고묘
나라 시대의 황태후

752년,
불교가 전파된 지
200년이 지난
나라 시대의 일본.

수도인
'헤이조쿄'[1]의
사찰, '도다이지
(東大寺)
대불전'에서
'대불 개안
공양회'[2]가
열렸다.

※2 대불상에 눈을 그려 넣는 의식   ※1 일본 '나라' 지방의 옛 이름. 일본 역사상 이곳에 수도가 있었던 시기를 통틀어 '나라 시대'라고 부름

느라만 출신의
인도인 승려, 보리선나는
당에 머물다가
736년
일본을 방문했다.

모든 것은
부처님의
뜻입니다.

보리선나

그는 자신의 딸,
고켄 천황에게
자리를 물려주고
상황이 된
이후로도
불교의 발전에
힘썼다.

이 무렵 일본은
재해와 전염병으로
몸살을 앓고 있었다.
쇼무 상황은
불교의 힘을 빌려
국가를 인정시키고자
대불을 만들라 명했다.

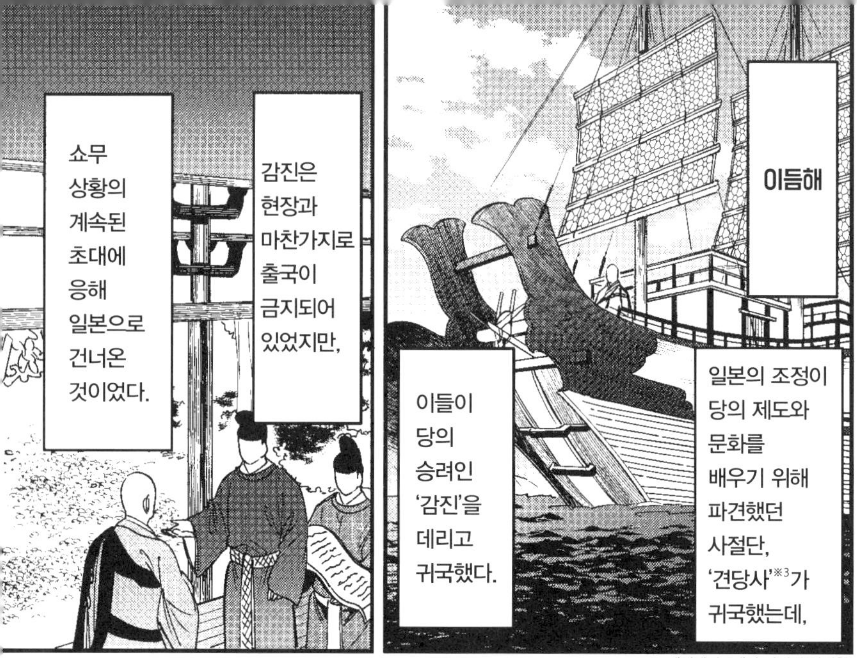

쇼무 상황의 계속된 초대에 응해 일본으로 건너온 것이었다.

감진은 현장과 마찬가지로 출국이 금지되어 있었지만,

이들이 당의 승려인 '감진'을 데리고 귀국했다.

이듬해

일본의 조정이 당의 제도와 문화를 배우기 위해 파견했던 사절단, '견당사'※3가 귀국했는데,

※3 7세기에서 9세기 사이에 파견함

그때까지 감진은 다섯 번이나 일본행에 실패한다. 그 과정에서 시력을 잃게 되었지만, 마침내 그는 일본 땅을 밟는다.

감진

당의 법률을 어길 지언정, 단 한 명이라도 부처님의 가르침을 배우길 원한다면 나는 그곳으로 가겠소.

감진이나 보리선나와 같은 타국의 승려들이 건너오면서 일본의 불교는 점점 발전하게 된다.

이리 뵙게 되어 영광입니다.

쇼소인에 보관중인 것은 대부분 인도, 오아시스 마을 '쿠차', 당을 거쳐 일본에 전해진 유물이다.

앞면에는 낙타에 올라타 비파를 연주하는 이방인의 모습이 그려져 있네. 흥미롭지 않은가.

그중에서도 '나전자단 5현 비파'는 고대에 만들어진 5현 비파 중 유일하게 현존하는 것으로,

인도 남부에서 채취한 나무에 거북의 등딱지와 조개를 붙여 장식한 것이 특징이다.

분명 우리에게 큰 도움이 될 인재이거늘.

당의 물건은 이리도 많이 넘어 오는데, '아베노 나카마로'는 돌아오지 않는구려.

덜컹

하지만

이로부터 몇십 년 전

꽤 오랜 시간이 흘렀군요.

그가 당으로 유학을 떠난 지도

실크로드의 동쪽에 자리잡은 도시, '장안'은 외국 상인, 이방인, 군인, 관리, 유학생이 두루 거주하는 국제도시였다.

와글 와글

그런데.

아베노 나카마로
견당 유학생

웅성

웅성

717년의 장안(長安)

와아… 역시 당의 수도는 대단하군…!

왁자
지껄

장안에서 유행 중인 서역의 복식이라네!

여, 여긴…?!

자, 다 왔네.

저 사람들은 한족(漢人)인데도 좀 특이한 옷을 입고 있구려.

악기도 그렇고

호인※ 무희로군! 그런데…

당의 것은 하나도 없구려!

※당에서 소그드인을 부르던 호칭

그중에서도 호인들은 특히 주목을 받는단 말이지!

맞네. 장안에는 다양한 민족이 살고 있지!

소그드인이 가져온 서역의 문화는 당시 장안의 큰 화젯거리였다.

그들의 의복, 음식, 음악은 각각 호복, 호식, 호악 이라고 불렸다.

호두

참깨

오이

또한,
참깨(호마), 오이(호과),
호두에 들어가는
한자 胡(호)는
'서쪽에서 온'
물건이라는 의미다.

'호선무'※1
(胡旋舞)라는
춤을 추었던
이들은 장안에
있는 시인과
청년들에게
동경의 대상이
되기도 했다.

또한,
주점에서
일하는
소그드인
무희는
'호희'라
불렸다.

※1 빠르게 빙빙 돌며 추는 사마르칸트 지역의 전통 춤.
우리 나라에는 고구려 시대에 전해짐

만약 소그드인과
실크로드가
없었더라면
교자나 고기만두와
같은 음식은
없었을지도 모른다.

이렇게도 먹는다고?

과자

교자

밀이나
잡곡을
그대로
찌거나
삶은
것과는
다른
건가봐

오늘날에도
동아시아에서는
밀가루 음식을
많이 만들어 먹는데,
이 문화의 기원 역시
실크로드와 관련이 깊다.

아베노 나카마로가
당에 건너간지도
30년이 흘렀다.

30년 뒤
753년

정녕 일본으로 돌아가는가?

석

조형※2
(晁衡)

드디어 폐하께서 귀국을 허락하셨다던데…

왕유
당의 시인·화가

생각해 보니 당에 온 지도 꽤 오래 되었군.

유학생이던 내가 당의 황제를 섬기는 관료가 되었으니.

※2 아베노 나카마로의 중국식 이름

지금까지 고마웠네, 왕유.

그렇다네.
조형이라, 이젠 그 이름이 더 익숙하군.

오오, 한 번 읊어 보시게나!

자네가 무사히 돌아가길 바라는 마음에 시를 한 수 지었다네.

작년에 당도한 사절단과 함께 돌아가는가?

안돼!!

휴우

이렇게 여섯 번의 시도 끝에, 비로소 일본 땅을 밟는 데 성공한다.

하지만 부사(副使)※2였던 '오토모노 고마로'의 임기응변으로 감진은 나카마로와는 다른 배에 몰래 올라탈 수 있게 된다.

감진은 당을 방문한 견당사 일행과 함께 일본으로 건너가려 했지만, 당의 관리에게 발각되고 만다. 이에 일본의 정사(正使)※1가 감진의 승선을 거부한다.

※2 사절단의 정사를 보좌하는 직책 ※1 사절단의 우두머

그와 친했던 당의 시인, '이백'은 애통한 마음으로 추모시를 지었을 정도였다.

귀국 도중 배가 뒤집혀 나카마로가 죽었다는 헛소문이 장안에 퍼졌다.

그 중 나카마로가 탄 배는 폭풍우를 만나 난파되었고, 베트남에 표착하게 된다.

11월 견당사를 태운 네 척의 배가 명주(明州)에서 출발했으나,

이게 무슨 난리냐!

와아아아

살아남은 나카마로는 고생 끝에 장안으로 돌아온다. 하지만,

와아아

와아아아

뭐요?!

그가 돌아왔을 땐 '안사의 난'이 한창이었다. 이 반란을 일으킨 안록산은 소그드인과 돌궐인의 피를 이어받은 자였다.

겨우 목숨을 건져 장안에 돌아왔는데, 반란이라니.

절도사※3 '안록산'이 반란을 일으켰단 말이오!

피하시오!

※3 8세기 이후 변방에 설치한 용병 군단의 사령관

어느 세월에 일본으로 돌아간단 말인가….

혼란해진 당의 조정에 복귀한다.

나카마로는 안사의 난으로

반란군이 분열하고 있을 무렵, 당은 이미 튀르키예계 유목 국가인 위구르에 도움을 요청하고 있었다.

얼마 지나지 않아, 난을 일으킨 안록산은 아들의 손에 죽음을 맞이한다.

당에 큰 반란이 일어났습니다.

부디, 도와 주십시오!

당의 사자여, 왜 우리를 찾아왔는가.

동돌궐을 쓰러뜨린 뒤, 이 초원을 지배해온 것이 바로 우리 위구르다.

카를룩 카간
위구르의 카간

안사의 난은 무사히 진압된다.

위구르는 당에 지원군을 보냈고,

당시, 당에서 이민족의 존재감은 아주 컸다.

위구르와 연결된 소그드 상인 역시 내륙의 실크로드 교역을 독점하게 되었다.

이로 인해 위구르는 당과의 관계에서 우위를 차지했고,

길 위에서
활약한
사람은
시대마다
달랐지만,

육로와
해로를
아우
르며

드넓은 세계를
연결했던
실크로드는
상업, 문화,
종교의 발전에도
크게 이바지했다.

근대에
이르기까지
문화, 물건,
사상 등
많은 것을
운반해 나갔다.

실크로드는
변함없이
유라시아
각지를
연결하며

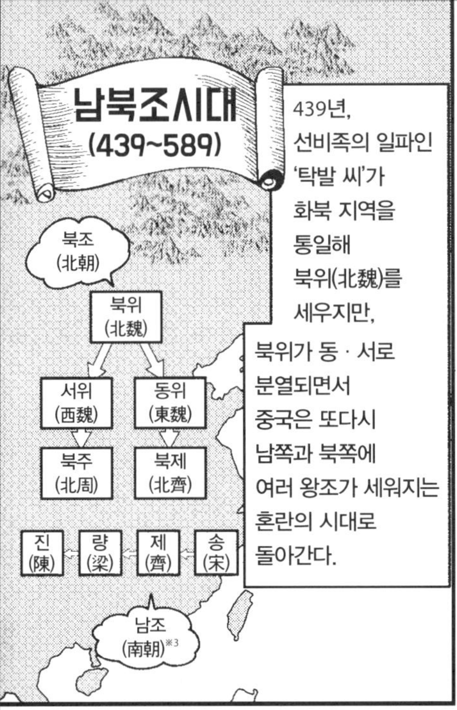

남북조시대 (439~589)

북조
(北朝)

북위
(北魏)

서위 (西魏) ― 동위 (東魏)

북주 (北周) ― 북제 (北齊)

진 (陳) | 량 (梁) | 제 (齊) | 송 (宋)

남조
(南朝)※3

439년, 선비족의 일파인 '탁발 씨'가 화북 지역을 통일해 북위(北魏)를 세우지만, 북위가 동·서로 분열되면서 중국은 또다시 남쪽과 북쪽에 여러 왕조가 세워지는 혼란의 시대로 돌아간다.

실례합니다요~

5호

화북
(華北)

한족

화남
(華南)※2

히이익

5호 16국 시대 (304~439)

3세기 말, 한족이 세운 서진(西晉)의 기세가 기울자, 북방에 모여 살아가던 다섯 유목 민족인 '5호'※1가 때를 틈타 화북 지역으로 내려온다.

※3 남조의 송(宋)은 420년에 건국   ※2 중국 남부를 통칭하는 단어   ※1 흉노(匈奴)·선비(鮮卑)·갈(羯)·저(氐)·강(羌)

친절해설

하네다 교수님의

한족(漢族)이란?

중국의 문화를 수용하며 살아가는 사람들을 의미한다. 문화적으로 구분되는 집단이다.

중국 인구의 대다수를 차지하는 '한족'에 대해 알아볼까요?

한인이라는 정체성

나는 한족이야!

한자를 사용함

슥 슥

머리나 복장의 모양으로 이민족과 구분했으며, 삼강오륜을 중시함

모든 중국인이 한족인 건 아니랍니다!

부부유별

형 | 아우

장유유서!

삼강오륜

복장·머리 모양

한족

581년,
수를
건국한다.

결단을 내린
양견은
북주의 어린
황제로부터
양위를 받아

문제(양견)
수 초대 황제

훗날,
당(唐) 시대에
대흥성은
'장안성'으로
이름이 바뀌고,
그 규모는
더욱 커진다.

대흥성
(구 장안, 大興城)   황허 강

양쯔 강

이곳을
이제부터
대흥성이라
부르겠다.

새 도읍은
장안이
좋겠구나.

서돌궐   동돌궐

고구려

남북으로
분열된
중국을
통일한다.

장안(長安)   황허 강
신라
백제
수
양쯔 강
일본

589년,
수는

[부병제]
병역의 의무

[균전제]
토지를 지급

영토도 넓어졌으니,
북조(北朝)의
각종 제도를 정비해
나라를
안정시키거라!

[조용조제]
납부할 세금을 정함

인재
등용이라면
'구품중정제'※
가 있지
않습니까.

우수한 인재를
관료로 등용해야
나라가
발전할텐데.

그건 호족들이
서로 자기들의
자식들만 추천해
관직을 독차지하고
있지 않은가.

※삼국시대의 위(魏)에서 처음 시행한 관리 임용 제도로, 중앙 조정에서 파견한 관리가 지방의 인재를 9품으로 나누어 평가·추천하는 제도

과거 제도는
이후,
1300여 년 동안
모든 중국 왕조의
인재 등용문으로
자리 잡는다.

여기서
등장한 제도가
바로
'과거 제도'다.

구품중정제를
폐지하고,
시험으로
실력을 겨뤄
인재를
발탁하겠다.

문제의 뒤를 이어
황위에 오른
'양제'는 선황제의
정비 사업을
계승했다.

짐이
우선 아바마마의
율법을 대업을
개정하고, 완성할
교통과 것이다.
수송
제도를
정비
하거라.

양제
수 제2대 황제

노역은
누가
합니까!
백성들의
원성을
살 것이
옵니다!

예에?!
이 큰
공사
를요?

─── 대운하

황허 강

대흥성   낙양
(장안)   (뤄양)
강도
(양저우)

화이허 강

여항
(항저우)

양쯔 강

아바
마마의
꿈이었던
남북
대운하
건설도
재개한다!

대운하만
완성되면
많은
물자를
실어
나르는 건
식은 죽
먹기지!

하하!
백성의 눈치만
본다면
어찌 황제라
할 수 있겠는가!

해 뜨는 나라의 천자가 해 지는 나라의 천자에게.

《잘 부탁해》

무례하도다!

우씨...

607년 스이코 천황 시절, 일본 '견수사'의 '오노노 이모코'가 수를 방문한다.

나아가, 장안의 대흥성을 서도(西都)로 삼고, 이와는 별개로 낙양을 동도(東都)로 삼았다.

양제는 중국의 남북인 화북과 강남을 잇는 대운하를 완성했다.

히─익

또한, 주변 국가들과의 관계 구축에 힘썼던 양제는 조공 요청을 거절한 고구려를 공격한다.

더는 못 참아!

대운하도 도읍 정비 공사도, 이젠 지긋지긋해!

와아아아

너 덜...

백성들의 희생이 보이지 않는가?

그러나 세 차례에 걸친 고구려 원정*은 막대한 돈을 쏟아부은 것이 무색하게도 많은 희생자를 내며 실패로 돌아간다.

※ 612년~614년

양제의 통치에 불만을 품은 백성들이 전국에서 반란을 일으켰다.

고구려 원정만 성공했어도…

아이고…

와아아아

폐하, 또 다시 반란입니다!

중국은 또다시 군웅할거의 시대를 맞는다.

곳곳에 등장한 우두머리 밑으로 반란세력이 모여들었고,

큰 새가 산을 맴돌다

꽃밭에 내려 앉는구나~

♪

♪

그러던 어느 날, 저잣거리에 이런 노래가 떠돌기 시작한다.

이(李) 씨야, 이 씨야.

♪

태원(太原)※에 계신 '이연' 님이 천하를 손에 넣을 거란 소리가 분명해!

소곤

소곤

저 노래는…

※중국의 화북지방에 위치한 도시로, 지금의 타이위안시

태원
중국 북부
태원
(타이위안)
황허 강
장안
(시안)
낙양
(뤄양)
강도
(양저우)
양쯔 강
아버님!
백성들 사이의 소문을 들으셨습니까? 아버님께서 황위에 오르길 바라는 모두의 바람이 아닌가 싶습니다.
이건성
이연의 장남
지금이 바로 거병하실 때이 옵니다!
이세민
이연의 차남이자 훗날의 당 태종
하지만, 나 말고도
널린 게 황제의 자리를 노리는 이들이다.
이연
훗날의 당 초대 황제
그중에서 아버님은 가장 유력한 후보 이십니다!
북방의 군사적 요충지인 '태원'의 유수※가 아니십니까!
휙
저희 탁발 가문은 북주 시절부터 이어진 명문가 입니다!
지금의 황실과도 친척뻘이라 정통성도 충분한데, 무엇이 문제란 말입니까!
그, 그러냐 …?
※ 지방에서 황제의 대리를 맡아 보는 관직

좋다.
저 자를
허수아비
황제로
내세우게.

아버지께서
실권을 잡고
조정을
장악하시면
되겠군.

척

형님!
황태손을
찾았
습니다!

양유
훗날의 공제

수도가
비어있는
틈을
노리자꾸나.

아버님,
마침
황제가 이곳에
없는 듯
합니다.

수개월 후,
이연과
그의 군사들은
반란 세력 속에서
나라가 혼란한
틈을 타
장안을 점거했다.

618년,
부하에게
살해되어
생을 마감한다.

한편,
거듭된 실정으로
의욕을 잃어버린
양제는
강도(江都)에
틀어박혀 있다가

아버님,
드디어 때가
되었습니다!

지금
이다!

오냐
…

182

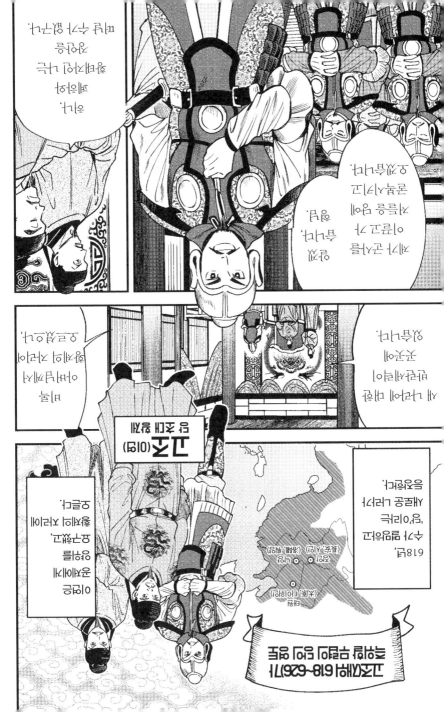

당의 군대에는 한족과 선비족을 비롯해 튀르크 계열의 유목민인 돌궐족, 이란에서 중국으로 이주한 소그드인도 있었다.

그렇다. 저들 모두 건국에 공을 세운 자들이지.

이렇게 모아 놓고 보니, 우리 군사들은 한족만 있는 게 아니군요.

당은 다양한 민족이 힘을 모아 세운 나라라는 것을 잊지 말거라.

또한, 당 황실은 흉노족과도 교류를 하고 있었다.

하하, 녀석. 다 지난 일을 …

아하하

다만, 거병을 망설이셨을 때는 형님과 제가 꽤나 속을 태웠지요.

…

아바마마께서는 황제가 되실 자격이 충분합니다. 이렇게나 다양한 백성을 모두 품지 않으셨습니까

역시!

이로 인해 수 말기의 혼란은 거의 수습되었다.

이세민은 당군을 이끌며 각지의 세력을 평정했고,

유후주 왕세

유흑달

하긴, 병사들로부터 존경받기가 어디 쉬운 일인가?

용감하신 데다가 장수가 지녀야 할 능력도 출중 하시다네!

이게 다 이세민 장군의 공이 아닌가.

이제야 잠잠하군!

저런 분을 주군으로 모셔야 하는데….

찌릿…

큰일 이군.

이세민을 칭찬하는 말은 그의 형인 이건성의 귀에도 들어갔다.

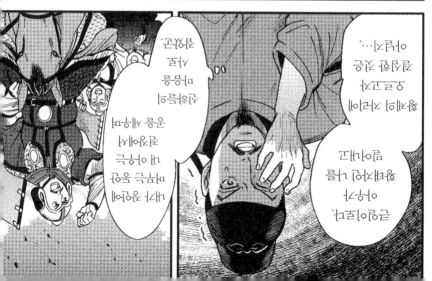

잘
하셨
습니다.

아바
마마께
간다.

…

조용히 황위를
양보하지 않으신다면,
아바마마의 목숨 또한
온전치 못할 것이다.

626년
6월

이세민은
대명궁의 북문인
'현무문'에서
자신의 형제인
이건성과
이원길을
암살한다.

이세민은
고조로부터
실권을
빼앗아
황태자의
자리에
올랐다.

그로부터
두 달 뒤.

이 사건이
바로
'현무문의
변'이다.

626년 8월,
이세민은
당의
제2대 황제인
태종으로
즉위한다.

唐

태종
당 제2대 황제

사산조 페르시아

소그드인

북조, 수, 당 시대에는
선비족의 '탁발씨'가
나라를 지배했기 때문에
'탁발국가'라고도 불렸다.

특히
당의 문화는
서아시아 문화를
수용했기 때문에
국제적인
색채가 강했다.

북방 유목민

수나라부터
당나라 초기까지,
이들의 문화는
북방 유목민과
한족의 것이
함께 어우러지며
발전했다.

이슬람교

한족

실크로드

바로 북방
유목민의
나라인
돌궐이었다.

태종은 이처럼
권력을 장악해
조정의 혼란을
수습했지만,
외교적으로는
큰 적과 마주했다.

6세기 말 아시아

순식간에
중앙아시아와
중국 동북부를
다스리는
거대 제국으로
성장한다.

돌궐

사마르칸트

토욕혼※

크테시폰

창안(長安, 시안)

수

6세기 중반에
몽골 고원에 등장한
튀르크계
유목민 국가인
돌궐은

사산조
페르시아

※선비족이 세운 나라. 4세기부터 7세기까지 이어짐

탁발국가
VS
동돌궐

583년,
돌궐은 동·서로
분열되지만
수에게는 여전히
위협적인 존재였다.

동돌궐

서돌궐

토욕혼

장안
(長安, 시안)

수

당과 동돌궐의 싸움은
유라시아 동쪽 지역의
지배권을 두고 벌인
북방 이민족
국가끼리의
싸움이었다.

626년

폐하!
동돌궐의
10만 대군이
장안으로
쳐들어오고
있습니다!

이놈들
…

공물만 바치면
침략하지
않겠다더니,
당했다!

동동궐을 다스리던 '일릭 카간'은 대군을 이끌고 당을 공격했다.

일릭 카간
동돌궐의 카간

새 황제가 즉위한 지금이야말로 장안을 빼앗을 기회다!

'타브가치'※ 이놈들!

※ 동돌궐은 당을 타브가치(tabgachi)라고 불렀는데, 이는 선비족 탁발씨의 또다른 명칭임. 이를 통해 주변국이 당을 같은 이민족 국가인 탁발국가로 인식했음을 알 수 있음

장안의 북쪽

동돌궐의 카간 이여.

드디어 타브가치의 황제가 나타났군?

응?

북방을 호령하던 동돌궐이 멸망하자 다른 유목민 부족들도 차례대로 당에 머리를 조아렸다.

6세기 중반부터 유라시아의 북방을 주름잡던 동돌궐은 당의 손에 멸망한다.

으우~

630년, 태종은 '이정'에게 동돌궐을 총공격하라 명한다. 이때, 일릭 카간과 5만 명의 돌궐인이 당의 포로로 잡혀 온다.

짐은 당의 황제이나, 그대들의 요청에 따라 '천가한'의 지위 또한 받아들이겠네.

짐 또한 유목민 선비족의 탁발씨 출신이다.

부디, 저희의 천가한※이 되어 주십시오.

폐하.

※天可汗. 7세기에서 8세기 사이, 튀르크인이나 서역인이 당의 황제, 천자를 가리키던 말. 맨 처음 태종을 가리키는 말로 사용함

와아 아

천가한, 만세!

이리하여 태종은 중국의 황제이자 몽골 고원의 천가한으로도 인정받게 된다.

또한,
태종이
죽은 뒤에도
당은
번영을
누린다.

태종 치하의 당은
평화롭고
안정되어 있었으며
이 시기를 가리켜
'정관지치'라고
부른다.

짐은 오로지
능력 하나로
이 궁중
암투에서
승리해
황제가 되었소.

그러니
관료 또한
신분에 따라
뽑기 보다는,
과거에 급제한
우수 인재들을
등용해
키우시오.

측천무후

7세기 말,
고종의
황후였던
'측천무후'가
황위에
오른다.
중국 역사상
유일한
여성 황제다.

이때
당의 국호가
일시적으로
주(周)로
변경된다.

룽먼 석굴

그리고 당시
당에는
불교 신자가
많았으며,
측천무후는
불교를 중시해
전국에 많은
불교 사원을
세우게 했다.

또한
'측천문자'라는
독자적인
문자를 만들어
반포했다.

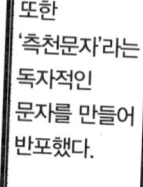

별　달　해

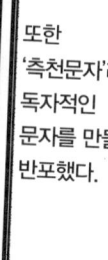

너　신하　땅

바르다 비추다

측천문자의 예

측천무후는
문화를
중시했다.
때문에,
이 시기에
많은
궁정 시인이
활동했다.

그러나 측천무후가 통치하던 시기의 당은 그 어느 때보다 사회와 경제가 안정되어 있었다.

후대의 역사학자들은 그를 잔혹한 여제로 평가하기도 한다.

그러나 측천무후는 자신의 뜻에 따르지 않으면 모두 다 처형했기 때문에

당

신라

일본

진덕여왕

위황후

선덕여왕

지토 천황

한편, 한반도는 7세기 초, 중반에 선덕여왕과 진덕여왕이 왕위에 올랐다. 이 시기의 신라는 당의 관료제와 불교 문화를 수용했다.

측천무후가 당을 다스리던 시기에 일본에서도 '지토 천황'이 즉위했다. 또한, 훗날 중종※의 황후인 '위황후'가 실질적인 권력을 쥐고 나라를 이끌었다.

7~8세기 사이, 동아시아 국가에는 여성 지도자가 많았다.

※당의 4대 황제

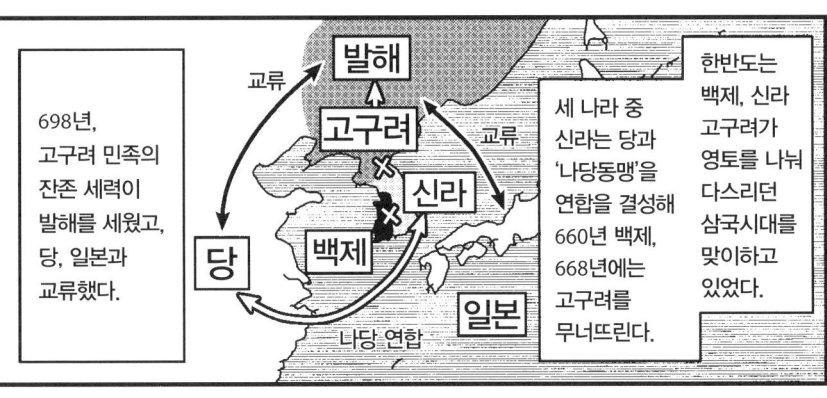

698년, 고구려 민족의 잔존 세력이 발해를 세웠고, 당, 일본과 교류했다.

발해

교류

고구려

교류

신라

당

백제

일본

나당 연합

세 나라 중 신라는 당과 '나당동맹'을 연합을 결성해 660년 백제, 668년에는 고구려를 무너뜨린다.

한반도는 백제, 신라 고구려가 영토를 나눠 다스리던 삼국시대를 맞이하고 있었다.

당

티베트

장안
(長安, 시안)

신라   일본

우마이야 칼리파국

또한,
동돌궐에 이어
서돌궐마저
무너뜨린 당은
중앙아시아의
서투르키스탄 영토까지
세력을 확장한다.

7세기 후반, 당은
나당동맹을
명분으로
통일 신라 시기의
한반도에
영향력을 행사한다.

당의 수도 역시
장안이었는데,
이 시기의 장안은
세계 최대 규모의
도시였으며,
그 인구가 1백만 명을
넘었을 것이라 추정된다.

장안은
역대 중국
왕조의
도읍지 중
역사가 가장
깊은 곳이다.

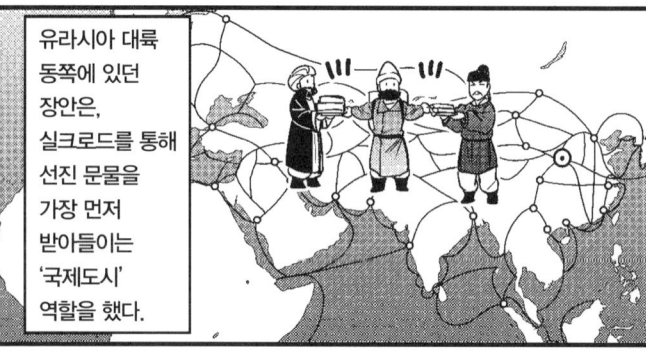

유라시아 대륙
동쪽에 있던
장안은,
실크로드를 통해
선진 문물을
가장 먼저
받아들이는
'국제도시'
역할을 했다.

유라시아
대륙의
국가들은
실크로드로
문화를 활발히
교류했다.

196

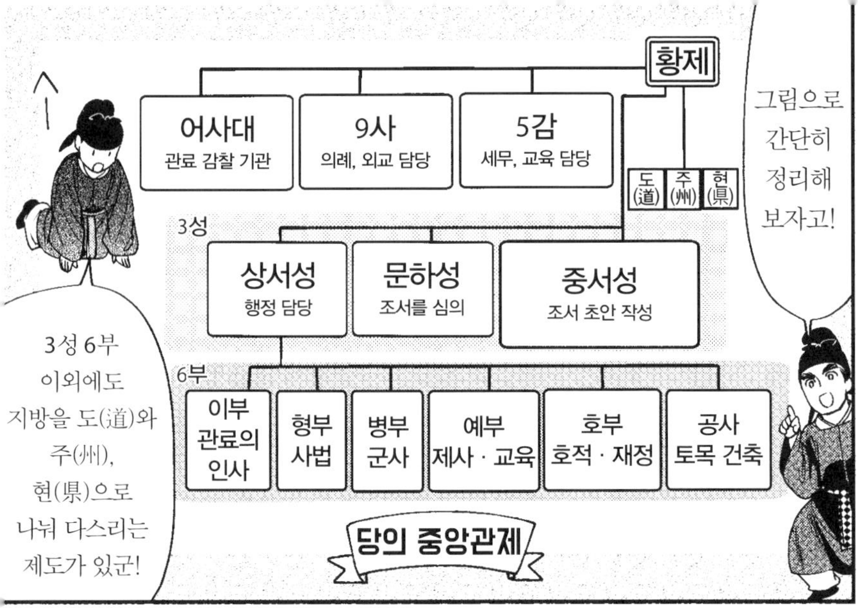

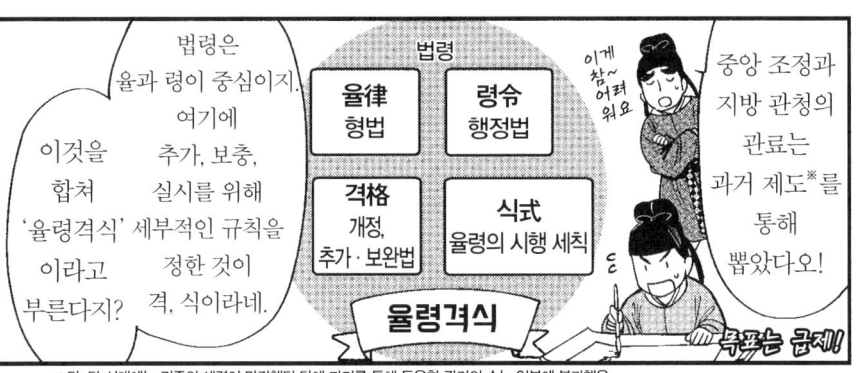
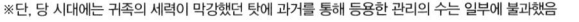

구분전의 지급 규정

두 토지의 차이점은 세습의 유무라네. 구분전은 세습이 불가능하지만, 영업전은 가능하지.

지급용 토지는 '구분전'과 '영업전'으로 구분된다네.

30무 (1.65ha) 과부
과부 이외의 여성은 대상에서 제외

40무 (2.2ha) 노인
60살 이상

80무 (4.4ha) 남자
18~59살

① 균전제

성별·연령에 따라 백성에게 토지를 지급하는 제도

---

② 조용조제

균전제를 통해 토지를 지급받는 남자 중 21~59살의 장정에게만 부과된 조세와 노역에 관한 제도

장정이 부담하는 조세와 노역(예시)

20일/년의 노역 또는 대납품 + 잡요
곡물 2섬
비단 2장과 면 3량 또는 포목 2.5장과 마 3근

아이고

조(組)는 곡물, 조(調)는 비단과 같은 견포류를 의미하네. 용(庸)은 노역의 대납품이며, 그것과는 별개로 잡요(雜徭)라는 노동도 해야 했지.

이외에도 당으로 귀순한 유목민의 기마 부대가 당의 군대 역할을 하기도 했지.

군은 내게 맡겨라

세 보인다...

주로 수도나 변방을 지키는 건 부병제로 모집한 병사들이었다네.

③ 부병제

토지를 지급받는 성년 남자를 징집하는 군사 제도

장안은 동아시아 한자 문화권의 중심지였던 셈이다.

당의 정치 제도, 사상, 종교는 문자를 매개로 해서 한자 문화권인 주변 국가들에 퍼져나갔다.

발해
신라
장안 (長安, 시안)
당
일본

한자 문화권

현장법사가 천축국에서 가져온 불교 경전과 불상이 안치되어 있지.

오호라!

대안탑 이라네.

장안에는 사원도 참 많은 것 같소.

저건 무엇 이오?

티베트에서는 '티베트 불교'※가 만들어지기도 했다.

반면, 당에서는 현장과 의장의 불경 번역을 계기로 외래 종교였던 불교가 조금씩 자리를 잡는다. 정토종이나 선종과 같은 독자적인 종파도 생긴다.

인도는 불교의 발상지였다. 하지만, 점차 불교보다는 힌두교를 믿는 사람이 많아진다.

※인도 불교와 티베트의 민간 신앙이 융합되어 생겨난 종교

그 덕에 지금은 당 어디서나 외국의 종교를 쉽게 접할 수 있지 않은가.

흥미롭군.

당에 거주하는 외국인들이 각자 자신이 믿는 종교를 전파했지.

장 시 예 간 배 이 다

졸

졸

그리고, 장안에는 불교와 도교뿐 아니라

페르시아에서 창시된 조로아스터교, 마니교, 이슬람교의 예배당과 그리스도교 일파인 네스토리우스파의 교회도 있었다.

조임

또한,
과거 제도를 정비했다.
개정된 시험에서
중요하게 다뤄지는
유학이나
시 작문과 같은 학문이
크게 발전했다.

공영달

오경정의

유교　서
당
시
불교
한역　시

안진경

이백

두보

의정　현장

왕이　백거이(백락천)

당 시대에는
황실과 귀족의
보호 아래
불교와 도교가
세력을 키웠다.

어쨌든
자네가
급제해서
정말
다행일세
…

열심히 공부했으니까

공영달 선생이
편찬한 『오경정의』는
훈고학에서
아주 유명한
서책이라네!
이걸 보지 않은
과거 응시생은
없을 걸세!

활활

참고로
유교 경전에
해석을 붙이는
학문을
'훈고학'이라고
부른다네.

그렇게
세월이
흘러,

산수화의
기틀을 다진 오도현,
고문(古文)※1
부흥 운동을 주도한
한유, 유종원이
주목을 받았다.

굉장해

한편,
당
중기 이후가
되자,

오도현

※1 한문으로 작성된 산문체의
문장. 진·한 이전 시대의
문체로 돌아가야 한다는
사상에 따라 쓴 글

734년,
견당 유학생 중
한 명이었던
'이노 마나리'는
일본으로
귀국하지 않고
당에서
숨을 거둔다.

이는
'견당 유학생'의
존재를
세상에 알리는
귀중한 연구 사료로
크게 주목을 받았다.

그로부터
1270년이 흐른
2004년,
중국 시안에서
우연히
그의 묘가 발견된다.

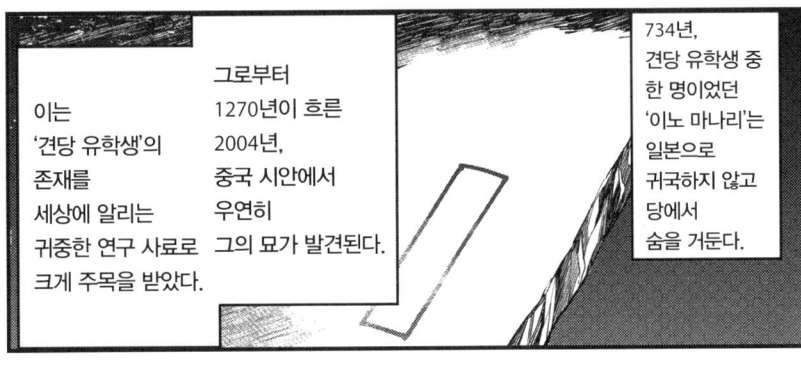

8세기 아시아

위구르

발해

당

신라

장안
(長安, 시안)

티베트

일본

남조

아바스 칼리파국

※2 돌궐 제2제국

그리고,
8세기 중반에는
돌궐의
지배를 받던
위구르가
몽골 고원의
새로운
패자(霸者)로
등극하게 된다.

7세기 후반,
서쪽에서는
티베트가
세력을 키웠고
북쪽에서는
동돌궐이
재건※2에
성공한다.

이때,
당을
둘러싼
정세에도
변화의
바람이
불었다.

사방이
온통 적이구나.

서쪽에는
티베트,
북쪽에는
위구르라.

현종

우리 당과 적의 역량에 따라 달라질 것이옵니다, 폐하.

복습해 봅시다

저들을 어찌하면 좋겠는가.

변방에 도호부를 설치한 다음 그곳의 유지를 도호로 임명해 통치권을 주고, 주변 민족을 감시하게 했다.

여기까지는 알아서 하시게

기미정책은 중국 정부가 주변 민족들을 지배할 때 펼쳤던 간접 통치 정책으로,

도호부

도호

네엡!!

우선, 우리가 티베트나 위구르보다 먼저 우위를 점해 영토를 확장했을 때는 기미정책※을 펼쳐 상대를 다스릴 수 있사옵니다.

호오.

당(唐)의 벼슬을 내리노라

예스

예스

벼슬

벼슬

※ 중국 역대 왕조가 다른 민족에게 취한 간접 통치책. 기,미는 각각 굴레와 고삐를 의미하며 현종 이전에 많이 사용되었음

그렇군...

교역으로 우호적인 관계를 유지하시면 되옵니다. 또한, 공주마마와 상대국 지배자의 혼인을 성사시키는 것도 좋은 방법이지요.

반대로 우리가 저들보다 열세할 때는

사이좋게 지냅시다

선물

친목

중국의 문화가 매우 우수하다고 여기는 사상이 바로 '중화사상'이다. 조공책봉 정책은 이러한 사상에 기반해 만들어졌다.

상대에 따라 다르게 대처하라는 뜻이로군.

오늘부터 그대들은 당(唐)의 신하다!

조공을 바치러 오는 나라라면 조공의 대가로 그 지역의 통치를 인정하는 '조공책봉'※1 관계를 맺으십시오.

네, 넵—

무서워

※1 주변국의 사신이 중심국에게 공물을 바치고, 중심국의 군주가 사절단에게 공물에 대한 답례품을 하사하는 제도

751년, 중앙아시아의 탈라스 강 유역에서 서아시아의 아바스 칼리파국과 충돌한다.

탈라스 전투※2

위구르

당

티베트

남조

아바스 칼리파국

그러나, 현종 치하에서 번영을 누리던 당은

※2 아바스 칼리파국이 탈라스 전투에서 제지업자를 포로로잡아 이슬람 세계에 종이가 전파되었다는 설이 있으나, 학계에서 정식으로 인정한 것은 아님. 다만, 늦어도 8세기 이후에는 서아시아에서도 종이가 널리 사용되었음

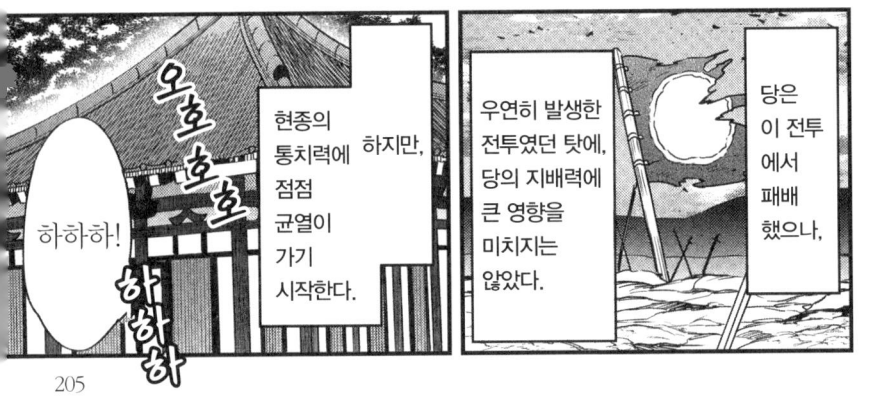

오호호호

하하하!

하하하

현종의 통치력에 점점 균열이 가기 시작한다.

하지만,

우연히 발생한 전투였던 탓에, 당의 지배력에 큰 영향을 미치지는 않았다.

당은 이 전투에서 패배 했으나,

205

이 안에는 오로지 폐하를 향한 단심*만이 가득할 따름이옵니다.

※ 속에서 우러나오는 정성스러운 마음

팡

하하!

안록산.

그 커다란 몸으로 어찌 호선무를 그리 잘 춘단 말이오? 그 뱃속에는 무엇이 들었는지 궁금하군!

하하, 입에 발린 말은 그쯤 하게!

와하하하

폐하께옵서 안록산을 총애하시나,

날 믿고 계시니, 안록산은 위험한 인물이라 귀띔하면 마음을 돌리실 것이야.

나 또한 귀비마마의 육촌이라는 명분이 있지!

그러나 752년

양귀비의 친척인 양국충이 재상의 자리에 올라

조정을 장악하면서 안록산과 대립한다.

양국충
재상

그 모습을 불쌍히 여긴 현종은 안록산에게 위로금을 잔뜩 주며 돌려보냈고, 그를 더욱 신뢰하게 되었다.

칫...!

자 자

두 사람 사이에 뭔가 오해가 있었던 게로군.

먼 길 오느라 고생했네.

소곤 소곤

소그드족, 돌궐족, 해족, 거란족, 실위족의 군대가 거사를 위한 준비를 모두 마쳤습니다.

수고 했네.

그러나 양국충에게 모함 당해 위협을 느낀 안록산은

은밀히 반란을 준비하고 있었다.

양국충의 세치 혀가 언제 폐하를 사로잡을지 모를 일이다.

각지의 소그드 상인을 통해 거사에 필요한 물자를 준비하게 하라!

안록산은 용의주도하게 반란을 계획했다.

안록산은
'역적 양국충을
토벌하라'는
황제의 밀명을
받았다고 꾸며,
사사명과 함께
반란을 일으켰다.

와 아 아 아 아 아

755년
겨울,
범양※1

※1 베이징

안사의 난※2 755~763

※2 안록산의 '안'과 사사명의 '사'를 합쳐 '안사의 난'이라 부름

이를
거역하는 자
또한
역적이다!

히이익

사사명
안록산의 맹우

양국충을
처단하라는
황명이다!

결국

이게 다
저놈과
귀비 때문에
일어난
일인데!

우리가 왜
양국충까지
지켜줘야
하는 거야?

근데,

현종은
안록산에게
수도인 장안을
점령당하고
도주하던 길에

뜻하지 않은
사건과
마주한다.

조정을 어지럽힌 양국충에 대한 책임을 귀비에게도 물을 것이옵니다.

귀비가 살아있는 한, 저희는 폐하의 명을 따르지 않겠습니다.

반란의 원인인 양국충을 처단 하였나이다.

이, 이게 무슨 짓이냐!

폐하 …. 더는 어쩔 도리가 없사 옵니다.

고력사
현종의 심복이자 환관※1

※1 궁정에서 황제와 그 가족을 섬기는 특수한 신분의 하인

대체 귀비에게 무슨 잘못이 있다고!!

귀비를 죽이란 말인가?

이대로라면 신하들의 불만을 잠재울 수 없습니다.

부디 결단을 내리소서.

단 한 가지, 귀비마마의 죄는 양국충과 육촌지간이라는 것이옵니다.

현종은 사천※2으로 도주한다.

이렇게 양국충과 양귀비는 죽음을 맞이했고,

※2 쓰촨

태상황으로 물러난 현종은 실의에 빠져 지내다 762년에 승하한다.

숙종
당 제7대 황제

이후, 영무(靈武)※3로 몸을 피했던 황태자가 돌아와 황위에 오르는데, 그가 바로 '숙종'이다.

※3 링우 시. 영주라고도 불리던 장안 서북부 지역의 요충지

좋다.

내 아들이 당 원군의 선봉에 설 것이다.

모옌초르 카간
위구르의 카간

우리의 힘만으로 안록산을 물리칠 수 있소?

아무래도 몽골 고원의 위구르에 사자를 보내 도움을 요청해야겠군.

폐하! 군사를 집결했사옵니다!

위구르의 참전으로 인해 형세를 예측하기 어려워졌다.

안록산에게 유리하게 흘러가던 상황은

크악!!

우음…

무슨 일이냐…

끼익…

뿌슉

757년 1월 5일. 안록산의 침실

안록산은 자신의 아들과 부하의 배신으로 목숨을 잃고 만다.

왜 아우만 편애하셨습니까! 아버님이 홀대했던 제가, 아버님의 자리를 이어받을 테니 편히 가시지요!

네가… 어찌 나를!

안경서
안록산의 아들

안록산이 죽은 지 6년째 되던 763년, 드디어 안사의 난이 진압된다.

사사명은 자신의 아들에게 살해 당한다.

그러나, 안경서 또한 안록산의 맹우인 사사명의 손에 목숨을 잃었고,

안사의 난이 끝난 뒤에도 당의 위기는 계속되었다. 튀르크계 유목민 장수가 반란을 일으켰으며, 주변국들이 장안까지 쳐들어오는 일도 빈번했다.

안사의 난에 참전한 반란군과 당군 모두 다민족으로 구성된 군대며,

이 반란은 7~8세기경 유라시아 각지에서 중국으로 건너온 이민족들이 일으킨 당나라 최대 내전으로 기록되어 있다.

유라시아 대륙 동쪽 지역은 위구르, 당, 티베트가 세력을 겨루는 혼란의 시대에 접어든다.

대신, 그 자리를 위구르와 티베트 세력이 채우게 된다.

세계적인 군사력을 자랑하던 당은 안사의 난을 기점으로 그 기세가 꺾인다.

아직도 민심은 흉흉하구나.

안사의 난을 진압하고 시간이 많이 흘렀거늘.

덕종
당 제9대 황제

조정의 힘이 쇠락한 당은 주변국과 세력 다툼을 하는 와중에 국내 통치 제도 또한 손봐야 하는 상황에 놓인다.

우선,

지금 가장 큰 문제가 무엇인가?

양염, 그대의 생각을 말해주게.

이 때문에 아예 논밭을 버리고 도망가는 농민도 속출하고 있다 하옵니다.

명령을 무시하는 건 농민들도 마찬가지지요. 선황제 폐하 시절, 빈부격차 때문에 다들 빈털터리가 되지 않았습니까.

폐하의 권위가 땅에 떨어졌다는 것이 문제이옵니다

안사의 난 이후, 일부 지방의 절도사들이 조정의 명령을 무시한 채 지방 정권인 '번진'을 세우고 있사옵니다.

하하하

일해라 일!!

아, 안해!!

양염
재상

돈을 줘야 싸우지!

월급

하오나, 용병과 군 관리들에게 지급되는 월급이 너무 비싸 재정이 말이 아닙니다….

선황제 폐하께옵서는 모병제로 바꾸며 군 제도 개혁을 꿈꾸셨습니다.

멋모르고 날뛰는 절도사들을 처벌할 때가 아니로군.

농민이 줄어드니 세금도 줄고, 징병할 인원도 없구나.

2대 재원

국고를 복구하기 위해서는 지금처럼 소금을 국가의 전매품으로 지정하거나, 강남 지역을 개발하는 것이 좋을 듯하옵니다.

강남 지역 개발

전매품의 판매 수익

소금

그리고,

무릇 전쟁에는 돈이 필요한 법! 돈이 없다면 황제의 권위 따위가 무슨 소용인가!

조용조제

조(租) 조(調) 용(庸) 잡요(雜徭)

곡물 천 노역 지방 관청에 대한 노역

백성의 자산과 토지 면적에 따라 해마다 여름과 겨울, 두 차례에 걸쳐 세금을 내게 하심이 어떠실는지요.

양세법

780년, 양염의 제안으로 조용조제를 대신해 양세법이 시행된다.

호세 지세 상인

전납이 원칙 곡물 여름·가을 2회 상세(商稅) 1/10~1/30

본적지가 아니라 지금 사는 곳을 기준으로 세금을 매기겠습니다.

그러나,

양세법을
시행해
우리나라가
다시 회복되면
좋으련만….

관료들
사이에서
파벌 싸움이
벌어지기도
하면서
이 시기의
중앙 조정은
크게 요동친다.

9세기 후반,
환관들이
정치에
깊숙하게
관여하기
시작한다.

황제가
우리한테
해준 게
뭔데!

반란이다!

관리라는
자들의
머릿속에는
세금을 올려
받을
생각밖에
없는가 보오!

가뭄에
메뚜기떼까지
덮쳐서
당장 끼니를
해결하기도
힘들다고!

과도한
착취에
시달리던
병사와
농민들이
들고 일어난
것이었다.

또한,
지방에서는
번진의 세력이
커진다.
특히 화남
지방에서는
번민과 민중의
반란이 잇따라
일어났는데,

와아아아

못참아!

와아아 아아 아

조정을 완전히 박살 내주마!

875년부터 884년까지, 소금 밀매업자인 왕선지와 황소를 중심으로 당 시대의 마지막 반란인 '황소의 난'이 일어난다.

반란군은 북쪽으로 진군해 수도 인근까지 쳐들어왔다.

황소
소금 밀매업자

하지만, 황소는 많은 사람의 목숨을 빼앗고 약탈을 일삼은 탓에 민심이 돌아선다.

大齊

오늘부터 이 나라의 이름은 당이 아니라 대제(大齊) 이니라. 황제인 나를 따르라!

와아아

장안을 손에 넣었구나!

황소는 60만 대군을 이끌고 장안을 점령한 뒤 스스로 황제라 칭한다.

두구두구

장안을 이대로 탈환했도다. 반란군을 몰아세워 황소를 붙잡아라!

이극용
튀르크계 유목민 사타족 출신의 무장

나아가 당군의 반격으로 반란은 실패에 그친다.

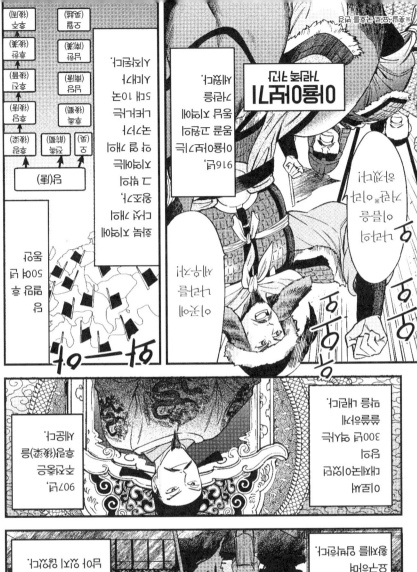

다양한 민족이
한데 어우러지며
문화와 제도를
꽃피웠다.

수·당
시기는
중국 역사상
가장
눈부신
발전을
이뤘던
시기로

수의
건국부터
당의
멸망까지,
어려운
위기
속에서도

유라시아
대륙
동쪽의
대제국은
300년간
유지되었다.

주요참고도서·자료

【서적】

- 山川出版社, 『新世界史B』(개정판) / 『詳說世界史B』(개정판) / 『山川 詳說世界史圖錄』(제2판) / 『世界史用語集』(개정판)
- 朝日出版社, 『世界の歷史』
- 岩波書店, 『岩波講座世界歷史9·15』/ 『岩波講座日本歷史3(古代)3』/ 『玄奘三藏 史実西遊記』/ 『遣唐使』/ 『高僧伝2』/ 『正倉院』/ 『新·ローマ帝国衰亡史』/ 『唐詩選』/ 『唐物の文化史 舶来品からみた日本』/ 『日本書紀』
- 栄光教育文化研究所, 『イスラーム研究ハンドブック』
- NHK出版, 『海と陸のシルクロード』/ 『ローマ史再考 なぜ「首都」コンスタンティノープルが生まれたのか』
- 科学出版社東京, 『中国服飾史図鑑 第2巻』
- 学習研究社, 『大唐帝国 四海を照らす栄華を誇る王朝』
- 河出書房新社, 『図説モンゴル歴史紀行』
- 慶応義塾大学出版会, 『イスラームの形成 宗教的アイデンティティーと権威の変遷』
- 講談社, 『漢詩鑑賞事典』/ 『玄奘三藏 西域・インド紀行』/ 『絢爛たる世界帝国 隋唐時代』/ 『隋唐帝国』/ 『則天武后』/ 『長安の都市計画』/ 『(ビジュアル版) 世界の歴史10』/ 『シルクロードと唐帝国』
- 三省堂, 『言語学大辞典 別巻(世界文字辞典)』
- 人物往来社, 『隋の煬帝』
- 誠文堂新光社, 『民族·戦争 東西文化交流の諸相』
- 倉元社, 『ローマ皇帝歴代誌』
- 中央公論社, 『安禄山 皇帝の座をうかがった男』/ 『三藏法師』/ 『世界の歴史8』/ 『物語アラビアの歴史 知られざる3000年の興亡』/ 『楊貴妃 大唐帝国の栄華と暗転』

- 東京堂出版, 『古代ローマを知る事典』
- 日本経済新聞社, 『遊牧民から見た世界史 民族も国境もこえて』
- 白水社, 『皇帝ユスティニアヌス』『クローヴィス』
- 文化出版局, 『古代サマルカンドの壁画』
- 平凡社, 『アジア歴史事典』/ 『騎馬民族史 正史北狄伝2』/ 『キリスト教I』/ 『正倉院薬物の世界 日本の薬の源流を探る』/ 『大唐西域記』/ 『東西文化の交流2』/ 『中国石窟敦煌莫高窟3』/ 『長安の春 증정판』/ 『法顕伝 宋雲行紀』
- 勉誠出版, 『隋書現代語訳 中国史書入門』
- 丸善出版, 『中国文化事典』
- ミネルヴァ書房, 『地域史と世界史』
- 明治書院, 『緑珠伝·楊太真外伝·夷堅志 他』
- 吉川弘文館, 『遣唐使の見た中国』
- 臨川書店, 『ソグド人の美術と言語』
- 山川出版社, 『安禄山「安史の乱」を起こしたソグド軍人』/ 『オアシス国家とキャラヴァン交易』/ 『唐代の国際関係』/ 『中央ユーラシア史研究入門』/ 『中国史2』/ 『ビザンツの国家と社会』/ 『民族の世界史5』
- 早稲田大学出版部, 『西突厥史の研究』
- 大月書店, 『輪切りで見える! パノラマ世界史① 世界史のはじまり』/ 『輪切りで見える! パノラマ世界史② さまざまな世界像』

【WEB】

NHK高校講座, 国立国会図書館, 風俗博物館, NHK for School

이 책을 만든 사람들

- **감수:** 하네다 마사시(HANEDA MASASHI)
  도쿄대학 명예 교수

- **플롯 집필·감수:**

  제1장 하세가와 다카시(HASEGAWA TAKASHI)
  게이오기주쿠대학 준교수

  제2장 쓰지 아스카(TSUJI ASUKA)
  가와무라학원 여자대학 준교수

  제3장 아카기 다카토시(AKAGI TAKATOSHI)
  도쿄여자대학 준교수

  제4장 아카기 다카토시(AKAGI TAKATOSHI)
  도쿄여자대학 준교수

- **자켓·표지:** 곤도 가쓰야(KONDOU KATSUYA)
  스튜디오 지브리

- **만화 작화:** 유타카(YUTAKA)

- **내비게이션 캐릭터:** 우에지 유호(UEJI YUHO)

차별적 표현에 대하여

『세계의 역사』 시리즈에는 현대를 살아가는 우리가 입에 담아서는 안 될 차별적인 표현을 사용한 부분이 있습니다. 역사적 배경이나 시대적 관점을 보다 정확하게 전달하기 위해, 불편함을 무릅쓰고 꼭 필요한 최소한의 용어만 사용했습니다. 본 편집부에게 차별을 조장하려는 의도가 없다는 점을 알아주시길 부탁드립니다.

– 원출판사의 말

세계의역사

하루 한 권 학습만화 4

실크로드와 이슬람교의 발전

(400년~800년)

초판인쇄 2022년 12월 30일
초판발행 2022년 12월 30일

감수 하네다 마사시
옮긴이 일본콘텐츠전문번역팀
발행인 채종준

출판총괄 박능원
국제업무 채보라
책임번역 문서영
책임편집 조지원
디자인 홍은표
마케팅 문선영 · 전예리
전자책 정담자리

브랜드 드루주니어
주소 경기도 파주시 회동길 230 (문발동)
문의 ksibook13@kstudy.com

발행처 한국학술정보(주)
출판신고 2003년 9월 25일 제406-2003-000012호
인쇄 북토리

ISBN 979-11-6801-580-7 04900
979-11-6801-777-1 04900 (set)